［基金项目］教育部人文社会科学研究一般项目
"聊天机器人对话策略及其对学生数学学习的影响研究"（23YJAZH099）

我国教育App
发展现状与对策研究

马玉慧◎著

中国出版集团

中译出版社

图书在版编目（CIP）数据

我国教育 App 发展现状与对策研究 / 马玉慧著 . --
北京：中译出版社，2025.5
　　ISBN 978-7-5001-7713-5

　　Ⅰ.①我… Ⅱ.①马… Ⅲ.①计算机辅助教学—研究
—中国 Ⅳ.①G434

中国国家版本馆 CIP 数据核字（2023）第 254267 号

我国教育 App 发展现状与对策研究

WOGUO JIAOYU App FAZHAN XIANZHUANG YU DUICE YANJIU

责任编辑：张猛　　　　**封面设计**：人文在线　　　**内文排版**：冯旱雨

出版发行：中译出版社
地　　址：北京市西城区新街口外大街 28 号普天德胜大厦主楼 4 层
邮　　编：100088

印　　刷：三河市龙大印装有限公司　**规　　格**：710 毫米×1000 毫米　1/16
字　　数：109 千字　　　　　　　　**印　　张**：9
版　　次：2025 年 5 月第 1 版　　　**印　　次**：2025 年 5 月第 1 次

ISBN 978-7-5001-7713-5　　　　　　**定　　价**：49.50 元

目　录

1 教育App概述

1.1 教育App发展背景

1.1.1 移动互联应用程序的普及应用

21世纪以来，随着移动互联技术、数字技术、人工智能等技术的飞速发展，智能移动终端被广泛应用于各个领域，给人们的学习、工作、生活带来了极大的便利，使得整个社会发生了翻天覆地的变化。如今，人们已习惯利用移动智能终端进行社交、信息获取、购物、医疗、娱乐等。据中国互联网络信息中心（China Internet Network Information Center，简称CNNIC）于2023年9月发布的第52次《中国互联网发展状况统计报告》，截止到2023年6月，我国上网人数达到10.79亿，较2022年12月增长1109万。其中，使用手机上网的人数占比达到99.8%。如此数量庞大的移动互联用户为我国App的大规模发展提供了广阔的市场前景。

App，全称Application，即运行于智能移动终端可以实现某些特定功能的第三方应用程序。随着智能移动终端的普及，App呈现井喷式的发展态势。据CNNIC《中国互联网发展状况统计报告》第52次报告统计，截止到2023年6月，我国市场上监测到的活跃App数目达到

260 万款，已覆盖人们日常学习、工作、生活的方方面面。其中，即时通信、网络视频、短视频的用户规模分别达到了 10.47 亿人、10.44 亿人和 10.26 亿人，用户使用率分别为 97.1％、96.8％和 95.2％，位居所有应用程序的前三位。此外，网约车、在线旅行预订、网络文学等用户规模也呈现了迅猛增长的态势。在工作方面，App 为人们提供了在线文档工具、在线会议、协同开发的工作平台，使得团队沟通更加便利。物联网技术使得万物互联，大大促进了工作效率的提升、改变了工作模式、满足了特定的工作需求，促进了工作的创新发展。从整体发展来看，App 正在深度融合到社会的方方面面，成为人类社会发展进步不可或缺的重要要素。目前，App 已成为继电脑端软件之后最重要、应用最广泛的应用程序。App 的飞速发展，极大促进并推动了教育 App 的迅猛发展。

1.1.2 数字时代发展的需求

改革开放以来，我国始终把信息化建设与发展作为国力增长、经济发展的重要抓手。近年来，物联网、区块链、云计算、大数据、人工智能等技术飞速发展，我国社会由互联网时代，向数字时代迈进。国家更是站在发展的高度，出台了一系列政策，引领全国拥抱数字时代。2014年 2 月，中央网络安全和信息化领导小组成立，并召开了第一次会议，习近平总书记强调要"形成实力雄厚的信息经济""向着网络基础设施基本普及、自主创新能力显著增强、信息经济全面发展、网络安全保障有力的目标不断前进"。以此为标志，数字经济成为我国政府的关注核心，正式登上历史舞台。2015 年 12 月，习近平总书记在第二届世界互联网大会开幕式上提出要"推进'数字中国'建设"。这是习近平总书记首次正式提出数字中国，从而开启数字中国建设新征程。2016 年 3

月，《国民经济和社会发展第十三个五年规划纲要》指出，牢牢把握信息技术变革趋势，实施网络强国战略，加快建设数字中国，推动信息技术与经济社会发展深度融合，加快推动信息经济发展壮大。2016 年 12 月，《"十三五"国家信息化规划》中指出，到 2020 年，"数字中国"建设取得显著成效。2017 年 10 月，党的十九大报告提出为建设科技强国、质量强国、航天强国、网络强国、交通强国、数字中国，智慧社会提供有力支撑。2017 年 12 月，习近平总书记在致第四届世界互联网大会的贺信中提出，中共十九大制定了新时代中国特色社会主义的行动纲领和发展蓝图，提出要建设网络强国、数字中国、智慧社会。2018 年 3 月，"数字中国"被写入政府工作报告，从而确定了数字中国建设的路线图和时间表。2019—2022 年，"数字中国"连续 4 年被写入政府工作报告。2023 年 2 月，中共中央、国务院印发的《数字中国建设整体布局规划》提出，建设数字中国是数字时代推进中国式现代化的重要引擎，是构筑国家竞争新优势的有力支撑。加快数字中国建设，对全面建设社会主义现代化国家、全面推进中华民族伟大复兴具有重要意义和深远影响，指出要编制数字化标准工作指南，加快制定修订各行业数字化转型应用标准，大力实施国家教育数字化战略行动。

目前，教育的数字化转型已成为教育领域关注的焦点。教育部在《2022 年教育部工作要点》中也提出实施教育数字化转型战略行动，党的二十大报告又进一步明确要"推进教育数字化，把教育数字化建设与终身学习型社会建设联系起来"。加快教育数字化建设，促进教育数字化转型已成为现阶段我国教育教学变革的主要方向。由此，教育数字化转型已成为当前我国教育信息化发展的主要任务和目标。教育数字化转型涉及教育系统的方方面面，是整个教育系统全要素、全业务、全领域和全流程的数字化转型。教育数字化转型的核心在于将数字技术融合到教育治理、课程内容、教学与学习过程、评价方式的转变，转型的目的在于培养出符合数字时代发展、符合国家战略需求的创新型人才。

数字教育资源是实现教育数字化转型的关键要素，数字教育资源的发展状况对整个教育的发展至关重要。我国《教育信息化十年发展规划（2011—2020 年）》明确提出实施"中国数字教育 2020 行动计划"，开展"优质数字教育资源建设与共享行动"，"要为学习者享有优质数字教育资源提供快捷的服务；要加快探索数字教育资源服务供给模式，有效提升数字教育资源服务水平与能力"。《国务院关于积极推进"互联网＋"行动的指导意见》指出，探索新型教育服务供给方式，鼓励互联网企业与社会教育机构根据市场需求开发数字教育资源。

1.1.3　教育 App 的迅猛发展

App 是英语 Application 的缩写，原意为"应用"，现在 App 普遍被定义为移动智能终端的应用程序。依托于移动智能终端的教育 App，是当前最主要的数字教育资源之一。

美国教育传播与技术协会（Association for Educational Communications and Technology，简称为 AECT）在 1994 年将学习资源定义为："任何能够帮助学习者进行有效学习和操作的事物"。也有学者将学习资源定义为"为利用或运用可及的人或物，以支持各种境脉下的学习需求"。目前还没有一个统一的学界公认的教育 App 定义。为此，我们将教育 App 定义为：运行于智能移动终端的，能够帮助学习者学习的应用程序。

教育 App 作为一种运行于移动终端的独特资源形态，由于其特有的便携性、良好的交互性、可随时学习等特性，自产生之日起就受到教育领域的关注。特别是近几年，随着智能手机、平板电脑等移动设备的迅速普及，运行于移动智能终端的教育 App 更是以迅雷不及掩耳之势发展。据统计，截止到 2023 年 5 月，Google Play 上 App 数量达到 259 万，其中教育 App 占比达到 10.47%，仅次于游戏居第二位。据我国工信部调查，截至 2022 年底我国各类高质量 App 在架数量已超过 258 万款。其中，教育类 App 约占市场 10% 的份额。

目前，教育 App 已不仅仅是课堂教学的有益补充，更成为促进信息技术与课堂教学深度融合的有力神器。教育 App 的迅猛发展，缘于当前特定的技术条件和相应的社会背景，主要可以归纳为以下几点。

一、智能手机、平板电脑以及移动互联网络的飞速发展与普及

移动学习资源的发展程度首先依赖于其依托的设备和相关技术的发展和普及程度。如果硬件设备和相关技术很难获得，运行其上的软件发展势必受限。近几年，智能手机和平板电脑的拥有量正在以惊人的速度飞速增长。据全球知名的市场研究和数据分析公司 eMarketer 的统计，2014 年我国智能手机的用户已超过 5 亿。较高的设备拥有率为教育 App 的推广奠定了基础。此外，移动互联网的覆盖，使得各种智能移动终端能够方便快捷地连接互联网，这为随时随地获取教育信息并进行交互创造了条件。

二、智能移动终端的良好用户体验迎合了教育的交互需求

较之前的设备相比，智能手机、平板电脑能够为使用者带来更好的用户体验。其中多渠道的、便捷的输入方式，例如，语音、拍照、二维码扫描等信息输入方式，省去了使用键盘的一次按键输入和鼠标的点击，极大地优化了学生的学习体验，提高了学生学习的投入度。以百度公司的作业帮、阿凡题等 App 为例，学生在遇到不会的题时，不用输入题目，可以直接使用手机对题目进行拍照，然后上传照片。App 根据照片内容将解题方案反馈给学生。此外，多媒体播放等功能为学习者的个性化学习提供了便利，位置感知功能则可以更好地进行情境感知学习。已经发展成熟的云计算技术，将一些复杂运算操作放在云端，使得性能较低的终端设备也能享有较快的交互操作，进而产生更好的用户体验，提高了用户黏合度。

三、用户已形成使用智能移动终端进行信息获取的习惯

目前，无论是在国内，还是其他国家，用户已经形成了使用智能手机或平板电脑进行阅读、获取信息，或者学习的习惯。根据艾瑞研究院发布的《2015 年中国青少年及儿童互联网使用现状研究报告》，在被调查的人群中，76％的青少年及儿童主要使用手机上网。现在，人们不仅已经习惯使用手机上网，也使用手机进行学习。据 2014 年美国的调查数据，在 16 岁到 24 岁的人群中，有 30％的智能手机拥有者使用手机参加课程或获取学历教育内容，在 25 岁到 35 岁的人群中，有 40％的智能手机用户使用手机进行学习。

四、众多企业公司加入教育 App 开发行业

在前几年有过这样的说法：教育是为数不多的几个受互联网影响很小的行业之一。也就是说，基于互联网的教育还是尚未开垦的一片"荒地"。在线教育巨大的市场发展空间，以及潜在的巨额利润吸引了众多的企业投身在线教育行业，开始从事教育 App 的设计与研发。这些企业包括了一些传统互联网企业的巨头，如谷歌、百度等。企业的参与与大力投入，为整个教育 App 的发展带来了无限的活力。他们依靠强大的技术力量与雄厚的资金作为支撑，开发了很多广受欢迎的教育 App。

五、App 商店方便了学习资源的获取

之前的移动学习资源多是绑定在特定的硬件设备上，只有购买相应的设备才能获取学习资源，且资源只能来自硬件供应商，学习者的选择

余地非常小。现在学习者则不需要额外购买功能单一设备，通过 App 商店（如苹果应用商店、谷歌应用商店、亚马逊应用商店）即可获取来自不同提供商提供的不同资源。用户的方便获取方式，以及自由选择为 App 的运营创造了良好的竞争模式。这种模式为教育 App 的推广、发展提供了很好的平台和极大的便利。

1.2　教育 App 发展历程

移动学习资源的发展与移动通信设备的发展息息相关。移动通信设备的发展历经了三个阶段：通信手机、PDA（Personal Digital Assistant，个人数字助手）、智能移动终端。同样，基于手机的移动学习资源发展可分为三个阶段：基于通信手机的静态学习资源、基于 PDA 的情境感知学习，以及基于智能移动终端的教育 App。

1.2.1　基于通信手机的静态学习资源

一、通信手机的发展

1973 年 4 月，美国人马丁·库珀及其团队研制出世界上第一部手机。1983 年，美国摩托罗拉公司向市场上推出第一部商用手机 Dynatac 8000x。这部手机使用模拟信息，重达 1 公斤，售价高达 4000 美元，但只能实现语音通话功能。随后，日本、瑞典等国家也相继推出了自己的模拟手机。这个时代手机的特点是信号不稳定，通话质量差，且体积庞大，价格昂贵。

1991 年，芬兰诺基亚公司推出了全球第一款数字手机——Nokia 1011。这款手机采用了数字信号处理技术，使得通话质量得到了极大提升。与此同时，各国纷纷开始部署数字移动通信网络，如 GSM、CD-MA 等。这一代手机的特点是信号稳定，通话质量得到提升，但功能仍然较为单一。

1998 年，出现了第一款彩屏手机。2004 年，诺基亚推出了可以播放 MP3 音乐功能的手机。早期的手机，尽管功能单一，仅具有语音通话和发短消息的功能，但其特有的移动性、便携性，较好地满足了现代人的沟通需求。通信手机的出现，开始改变了人们交流方式。

二、静态学习资源

随着手机的进一步普及，运行于通信手机的第一代移动学习资源应运而生。与传统的基于电脑的学习资源相比，基于手机的移动学习资源具有以下特点。

1. 灵活性

人们可以使用手机学习，不再受地点、时间的限制。

2. 普及性

与电脑相比，手机的价格要便宜许多，且操作、使用简单，因此更容易被人们接受，更容易普及。因此，运行于手机端的移动学习资源更容易被获取，具有更高的普及性。

但由于当时手机功能的限制，早期移动学习资源的主要形态也仅限于简单的文本、声音、图片等静态媒体形式。主要的应用模式以服务器端的知识推送为主，相应的主要应用形态有。

1. 基于文本的短消息的移动学习资源

用户利用通信设备发送短信息到教学服务器，教学服务器分析用户的短信息，转化为数据请求，进行数据分析处理，再发送给用户手机，利用这一特点可以完成一定的教学活动。但是，这种通信方式的数据传输是间断的，缺点是不能实时连接；多媒体资源的传输和显示比较困难。因此，基于短消息的教育方式适合通信数据少、简单文字描述的教学活动。

比较典型的是威斯敏斯特大学基于短信消息的移动服务系统。此移动学习系统功能主要有：学生通过其设备对老师进行提问，自动回答问题，布置作业与练习，教务管理等。此外，还可以通过群发短消息提供全部学生或对某一课程的全部学生进行管理性服务，也能够及时听取语音留言，并根据语音留言进行下一步任务的学习。

2. 基于音频的移动学习资源

随着手机播放音频功能的出现，人们开始将教学内容预先录制成MP3 音频文件，然后发布在博客上，再利用相关的 RSS 订阅软件下载并播放。这些文件也可以轻松转移到便携式 MP3 播放器上，无论何时何地，只需随身携带即可轻松收听。学生可以根据自己的学习需求，反复多次播放音频资源。这样不仅解决了未能按时听课的学生的补课问题，还可以针对重点、难点，或自己没有听懂的知识点反复播放，为学生的学习带来便利。

3. 图片的实时交流移动学习服务

通过呈现静态的图片信息，学习者可以借助多种感官通道接收多元化的信息，从而激发他们的形象思维和逻辑思维，强化对内容的理解和记忆。此外，这种教学方式还打破了地域限制，使得远距离的学生可以通过语音通信享受到教师"面对面"的指导。

由于手机屏幕很小，因此，早期的移动学习资源建设与研究，主要的关注点是非正式学习中资源的微型化设计，即如何设计微型化的学习资源。一方面，要能够支持学生随时随地进行学习的需求；另一方面，也要适用于小屏手机显示。那个时期的移动学习资源的发展，一方面，严重受限于单一的手机功能；另一方面，也由于当时学生的手机拥有量远未达到普及的程度，因此移动学习资源的建设仅限于教育研究机构。

1.2.2　基于 PDA 的情境感知学习支持系统

一、PDA 的出现

21 世纪初期，人们获取信息的方式不再仅仅依赖于单一功能的通信手机，市面上出现了一种可以无线上网并且屏幕比较大的手持移动终端设备——PDA。与具有单一功能的通信手机相比，PDA 不再是只有通信录、记事本等基本功能，而是具有更丰富的软件库，如针对每个学科的学习软件、词典软件和字处理软件等。

与之前的通信手机不同，PDA 更大的显示屏幕，不需要翻页就可以在一屏内显示相对完整独立的信息，显示从单色变成了多色，还可以播放视频资源。例如，利用 PDA 不用翻页就可以进行整页电子书的阅读，可以代替电脑观看课程视频。

此外，PDA 中集成了 RFID 射频识别技术，不仅保留了 PDA 原有的功能，还具备了对射频卡的读写能力。通过 PDA 阅读器识别 RFID 标签，使用射频识别技术就可以自动读取标签并获取标签内数据，并且同时识别多个标签。通过这种方式大大提高了信息获取的效率。例如，通过 PDA 对某株植物的二维码进行扫描，就可以获取该植物的科普信息，从而拓宽学生的知识面。这样可以充分利用 PDA 的便捷、易操作、大屏幕等特点，形成一个智能掌上数据处理终端设备，具有高可靠性、低功耗、操作简单、模块化设计的特点。此外，在 PDA 上也可以方便、快捷地进行二次应用开发。这些优势使 PDA 具有适用性强、功能全、现场使用灵活方便、可直接上传并进行实时传输、数据处理的优势。每一步都促进了移动学习的深入开展。

二、情境感知学习

基于 PDA 技术的发展，这个时期的移动学习资源主要的应用情境多为非正式学习以及特定环境下的情境感知学习。基于特定环境下进行情境感知的学习支持系统解决了传统移动学习中缺乏互动和同步学习的问题，如上下文感知同步系统。"上下文"所指的是用户的学习设备和位置。在特定的学习环境中，教师可以利用移动网页、短消息和面向学生的用户界面向学生征求信息，获取学生的课程学习状态数据。通过这些数据，教师可以在同步教学中调整课程教学的内容、风格和速度等。除此之外，上下文感知系统可以根据给定的学习条件，如屏幕大小、硬件内存大小等，实时动态地调整传递的内容风格。

在这个时期，新兴的媒体技术的应用更可以提高学生的学习兴趣。由此可见，PDA 可以在很多教学模式中与课程进行整合。但是由于 PDA 在存储容量和处理功能方面还有待改进，暂时只作为学校教育的一种补充，这个时期的移动学习资源并未得到广泛应用和普遍的社会认同。

1.2.3　基于智能移动终端的教育 App

一、新技术的普及应用

新技术的应用普及，特别是大数据、自然语言理解、模式识别，以及 VR/AR（Virtual Reality 虚拟现实，Augmented Reality 增强现实）技术，使得智能手机功能如虎添翼，更好地满足了人们日益增长的个性化需求。

（一）大数据

大数据指的是规模庞大、难以通过传统方法处理的数据集，因此也被称为海量数据。大数据技术是互联网深度发展的产物，也是塑造未来人类社会的关键推动力。它涵盖了信息收集、存储、整合和科学预测等多个方面，成为未来社会形态的重要驱动力。大数据技术的出现和发展，对社会生产和生活方式产生了深远的影响。大数据技术能够为决策者提供更准确的参与信息，更精准了解用户，实现个性化服务，以满足人们日益增长的个性化需求。

（二）自然语言处理

自然语言处理（Natural Language Processing，NLP）具有很强的多学科交叉的特点，横跨了文、理、工三大领域，涉及计算机科学、人工智能和语言学等学科，研究人类和机器如何通过自然语言进行有效交互的理论和方法，本质是解决在没有结构的自然语言中提取有结构的语义信息，最终目标是让机器可以理解并生成自然语言，使机器在语言理解和交互方面可以有类似于人类的能力，从而为人类提供更好的交互体验和更高的工作效率。

自然语言处理主要包括词法分析、文本组块分析、句法及语义结构分析、篇章级分析和语用分析等内容。

1. 词法分析指的是对词与词之间的关联进行分析从而获取局部文字的表达信息。例如，复数单词"dogs"除了有名词词性的含义之外，还具有动词词性的含义。因此，研究者要对单词的结构和所在的上下文进行分析，以确定该词在此处的词性。

2. 文本组块分析是指将一个完整的句子分割成互不重叠的几部分，然后根据句法作用为单词打上标签，利于机器处理句子结构和单词之间的关系。例如，在处理句子时为单词打上名词词语（NP）和动词词语（VP）的标签。

3. 语义分析指的是通过处理句子的逻辑结构识别相关联的单词，

从而确定句子中单词与单词之间或者不同概念之间的联系，以达到确定句子可能含义的目的，例如：成分分析、依存分析以及语义依存图等。

4. 篇章级分析指的是通过揭示词与句子的联系和语言结构展示整个篇章的语义信息。例如，共指消解是指在一段篇章中找到所有对同一个实体的描述表达式。

5. 语用分析主要研究语言在特定情境下的含义和功能，以及关注人们如何使用语言交流。在语用分析中，主要关注言外之意、语言行为、会话结构以及社会和文化因素，研究的方法包括观察、采访、调查问卷和语料分析库等。

自然语言处理的功能主要应用在机器翻译、文本摘要、问答与对话系统（如 GPT）、信息抽取和文本分类几大方面。

1. 机器翻译是自然语言处理的重要功能之一，是通过数学和算法技术将一门自然语言转变成另一门自然语言的过程。最初，机器翻译基于神经网络实现，随着人工智能、神经网络和深度学习技术的融合，现在发展道路基于云技术和大数据的神经网络机器翻译，呈现出了实用化、多模态、多语言、网页端向移动端发展的趋势，翻译技术也随着时代不断更新和迭代。

2. 文本摘要中的摘要任务是总结文档的关键性要素，用来生成文本最重要内容的概述。摘要任务主要分为抽取式和生成式。抽取式任务用于提取文档中的关键信息，生成式用于概括文档内容。文本摘要的出现为用户提供了方便又不丢失本意的获取信息的方式，有效地降低了用户的信息负担、提高了用户获取信息的速度，节省了大量的人力物力成本，在信息检索、内容审查等方面具有较高的研究价值。

3. 问答系统（QA）与提取摘要和信息的过程类似，都是在提取文档中相关的单词、短语或句子，并以连贯的方式返回结果来回答问题，所以现有的方法与提取摘要的方法有许多相似之处。

4. 信息提取是指从文本中提取出明确或含蓄的信息。虽然不同系统的输出有所不同，但通常提取出的数据及其关系都会被存储在关系型数据库中。创建的提取信息包括命名实体和关系、事件及其参与者、时间信息和事实元组。

5. 文本分类是自然语言处理的一个重要功能，是把非结构化文本归类到预先定义的类别中。

（三）模式识别

模式识别技术是利用计算机模仿人脑对现实世界各种事物进行描述、分类、判断和识别的过程，图像识别、语音识别、指纹识别都是我们常见的模式识别技术。我国在模式识别研究领域中，特别是在计算机领域中通过数学计算的手段进行自动化的研究、判读。在计算机技术快速发展、广泛应用的过程中，人类在处理复杂性、烦琐的信息时，会通过计算机设备进行文字方面、声音方面和物体方面的模式识别，这也成为开发并且运用智能化机器与技术的切入点，是智能识别的关键所在。随着计算机运算能力的提升，模式识别技术的理论与实践已经逐渐渗透至各个学科和技术领域。

1. 图像识别技术

图像识别技术是人工智能的一个重要领域。其原理与人眼识别原理较为相似，是对图像进行对象识别，以分辨各种不同模式的目标和对象的技术。计算机智能化图像识别技术的核心是基于机器对图像进行识别。经过计算机智能化图像模式识别，能够由机器取代传统的人工处理技术，可对某些计算机智能化图像数据信息进行自动化识别、处理、辨别与分类。在此过程中，系统还能够对相关图像中的具体图形进行快速、准确识别分类。

2. 语音识别技术

随着人工智能的不断发展，语音识别技术逐步走入人们的生活中。我们如今常用的语音输入法、智能家居的语音控制功能都需要语音识别技术的支持。语音识别技术是计算机自动将语音内容转化为文字的技术，可追溯到 20 世纪 50 年代。科学家尝试将语音转化为文字，由于设备落后，只能识别简单的词语和数字。随着计算机技术的进步，语音识别技术实现了质的飞跃，科大讯飞、声智科技等企业在语音识别领域均有成熟的研究成果，这些成果为教育领域的发展起到了至关重要的作用。

语音识别是利用机器设备接收并理解人类语言的交叉学科应用技术，涉及语言学、计算机科学、心理学和信号处理等众多领域，是实现人机交互的关键性技术[3]。

在日常生活中，多个 App 支持语音识别，如社交软件 QQ、微信、企业微信，学习软件小猿搜题、熊猫博士识字，办公软件腾讯会议、专注笔记、钉钉等。语音技术提高了人机交互的便捷性，给人们的生活带来更好的体验。

3. 人脸识别

人脸识别技术是一种生物识别技术，它是基于人的脸部特征信息完成身份识别验证的实现方式。人脸识别技术通过摄像机（包含有人脸的图像或视频流）采集数据，能够自行检测和跟踪图像中的人脸，抓取人脸特征，并将其与存储于数据库中的人脸数据进行比对，从而完成对检测到的人脸分辨与识别。随着计算机技术的提升与改进，模式识别技术得到迅猛发展，其广泛的应用价值受到了人们的重视，逐渐应用到各个领域。模式识别技术虽已取得不少成果，但仍面临不少挑战，需不断完善，以更好地应用于实际场景中。

（四）VR/AR

VR，又称虚拟现实，最早发展于国外，在早期主要运用在军事领域。利用 VR 技术进行虚拟战场环境的演示，士兵模拟训练以及军事演习等。我国对于 VR 技术的定义：是指运用科学技术的手段来模拟视听等高度近似的数字化环境，向人们传输视觉、听觉、嗅觉等信息，使接受信息的人能够亲临其境。

AR 一词最早由美国人创造，在目前的信息化时代中，AR 运用的也非常广泛，它是通过真实世界中的虚拟元素来增强用户的感知和体验。

MR（Mixed Reality），又称为混合现实，它具有虚实融合、深度互动、实现异时空场景共存等特征。它利用计算机图像技术、传感技术等相关技术与设备以实现虚拟对象与现实世界对象共存的一种可视化环境，通过用户与现实世界的正常感知来建构交互的反馈回路，以达到虚拟世界与现实世界的互动。

早在 2018 年，《关于加快推进虚拟现实产业发展的指导意见》中提出 6 项重点任务，助力我国虚拟现实技术行业的快速发展。相关数据显示，2019 年至今，我国虚拟现实的市场规模不断增大，主要涵盖内容采集、终端呈现等多个环节。

二、智能手机的飞速发展

2013 年前后，我国开始普及应用能够联网的智能手机，智能手机硬件性能得以提升。智能手机的特点是速度快，功能多样，用户体验得到了大幅提升。与上一代的 PDA 相比，智能手机在功能上优势明显，也为教育 App 的发展带来了极大便利。

（一）实时的网络信息获取与传送

智能手机可以通过无线网络，实时获取、上传信息，为用户的信息获取与共享提供了极大便利。智能手机实时的信息获取，得益于网络技术的发展。2001 年，国际电信联盟正式确定了 3G 通信标准。3G 手机采用了高速数据传输技术，可以实现上网浏览信息、视频通话、在线游戏等功能。2009 年，国际电信联盟正式确定了 4G 通信标准。4G 手机采用了更高速的数据传输技术，可以实现高清视频通话、在线高清视频观看、移动支付、位置服务等。2019 年，中国正式发放了 5G 牌照，标志着 5G 时代的到来。5G 手机采用了最新的通信技术，可以实现超高速度的数据传输、低延迟的实时互动，以及支持虚拟现实、物联网等诸多功能。

目前，6G 技术的系统性研究已经在路上，从移动互联，到万物互联，再到万物智联，6G 技术将具备更强大的数据处理能力，进一步推动人类社会的发展，并且将对超能交通、通感互联、元宇宙、智慧工业等领域都会有更加出彩的表现。

（二）开放式操作系统

传统手机的操作系统是封闭式的，用户无法自定义加载新的应用程序。智能手机搭载了开放式操作系统，如苹果的 iOS、谷歌的 Android 等。开放式操作系统开放源代码，提供了统一的应用开发和运行环境，这极大地方便了 App 的开发和分享，使得应用的种类和数量非常丰富，构建起一个充满活力的应用生态。

（三）丰富的应用生态

手机操作系统、开发者、应用商店和用户等构成了庞大的应用生态系统。它不仅为用户提供了丰富多样的应用程序，也为开发者提供了一个广阔的市场。目前，不同手机操作系统都拥有庞大的应用商店，其中包含了数百万款应用程序。这些应用程序涵盖了各种类型，包括社交媒体、游戏、购物、工具、教育、健康等。用户可以根据自己的需要自由选择，极大地丰富了手机的功能。

（四）多模态信息交互

与传统手机相比，智能手机可通过触摸屏、高清摄像头、智能感知等实现多模态信息输入，并利用人工智能技术识别多模态信息，带来了更好的用户体验。

1. 触摸式交互

现在的智能手机都实现了触摸屏输入。与传统手机相比，触摸屏可以提供更大的显示空间和输入空间。用户只需轻触屏幕上的图标或按钮，通过在屏幕上滑动、拖动等操作，即可实现物理键盘或鼠标进行复杂的点击和拖拽。这种直接触摸的方式使得用户可以更快速地找到所需的功能，提高了操作效率。此外，触摸屏还能够提供触觉反馈，如震动、声音和动画效果等，使用户能够更直观地感知到自己的操作结果，为用户带来了更好的使用体验。

2. 高清摄像头

几乎所有智能手机都配有高清摄像头。用户可以通过摄像头输入图片、视频等信息，随时拍照、拍摄视频或视频通话、扫描、人脸/图片识别等，为我们信息输入带来了极大便利。

3. 智能感知

智能感知中的智能指的是事物在网络、大数据、物联网和人工智能等技术的支持下，能满足人类各种需求的属性。智能感知技术是指将物理世界的信号通过摄像头、麦克风或者其他传感器的硬件设备，借助语音识别、图像识别等前沿技术，映射到数字世界，再将这些数字信息进一步提升至可认知的层次。智能手机具有光学传感器、距离传感器、陀螺仪传感器和重力传感器，因此具有光学感知、距离感知、手机状态感知等功能。智能感知使得手机能更好地理解和适应其运行环境，从而提供更好的用户体验。

光线传感器：能够感知环境光亮度。它通过接受外界光线，产生强弱不等的电流，从而调节屏幕自动背光的亮度。白天时，提高屏幕亮度；夜晚时，降低屏幕亮度，使得屏幕看得更清楚，并且不刺眼。

距离传感器：可以检测手机是否贴在耳朵上正在打电话，以便自动熄灭屏幕达到省电的目的。也可用于皮套、口袋模式下自动实现解锁与锁屏动作。

陀螺仪传感器：可以感知手机的旋转和倾斜，通过测量设备的角速度和角位移来计算设备的旋转角度和方向，从而实现方向感知的功能。例如，许多手机游戏需要通过倾斜手机来控制角色的移动，陀螺仪传感器可以帮助实现这一功能。

重力传感器：平时我们使用手机看电影或者玩游戏时，都会把手机横过来操作，屏幕显示也随之切换过来，这就用到了重力传感器。

此外，人工智能、大数据等技术的飞速发展与应用，使得教育 App 更能满足学习者个性化学习需求，为教育 App 的使用者带来了更好的用户体验。

三、教育 App 的创新应用

1. 便捷的教育信息获取

智能手机方便快捷地信息传送、获取为教育行业带来了许多好处。通过互联网，学生可以轻松地访问到各种在线课程、电子书籍、学术论文和其他学习材料。这些资源不仅丰富了学生的学习内容，还为他们提供了更多的学习途径和方法。智能手机的联网功能也为教师提供了更多的教学工具和手段。教师可以利用互联网与学生进行实时互动，发布作业、通知和成绩等信息，还可以利用各种在线教育平台进行远程授课和辅导。这些工具和手段不仅提高了教学效率，还为教师提供了更多的创新空间。此外，家长可以通过互联网了解学生的学习进度和表现，与老师进行沟通和交流，为孩子提供更好的学习支持和指导。

例如，疫情期间采用的线上教学方式，就产生资源分配不平衡、学生分布分散等问题。移动智能终端则通过"多终端同步视频互动"平台，如腾讯会议、钉钉、瞩目等，使世界各地的学生和教师跨越时间和空间，共同参与教学互动。教师可以像传统面对面教学一样，实时和学生互动，让学生在线上进行电子举手、随时提问、抢答等，还能够实时观察学生学习状态、批改学生作业、进行考试和监督。学生则通过移动智能终端平台，获取大量优质学习资源。除教师发布的学习资源外，学生可以在互联网上找到不同地区的同一学习课题的不同学习资源。以中国大学慕课为例，学生不仅可以参与各大高校的课程学习，还可以在评论区和教师、其他学习者进行讨论。

2. 自然的教育信息交互

随着语音识别、图像识别等技术的发展，智能手机的拍照功能、语音输入、视频输入、手写输入等功能为教学带来了极大便利。教师、学生可以通过手机中的拍照、录制视频、语音输入等方式，以自然、直接的方式表达自己的使用需求，或者资源制作。与传统的键盘输入相比，智能手机自然、便捷的人机交互方式，极大地促进了教育 App 的广泛应用与发展。

例如，在教育 App 中，语音识别功能可以为教师提供语音转换文字、关键词检索、语速监测等功能，学生可以通过这项技术进行笔记记录，整理课堂教学内容，教师可以利用这项技术进行教学。以科大讯飞语记 App 为例，这款 App 不仅具备撰写文章、记录笔记的基础功能，还能实现语音转文字输入、多终端登录、语音听电子书等功能。在测试同传能力培养过程中，教学实验表明，这款语音识别 App 辅助模式能够有效提升学生的口译效率。

3. 个性化教育服务

大数据、人工智能技术使得教育 App 更好地满足学生个性化学习需求。

（1）个性化推送。随着移动互联网的普及，个性化推送已逐渐覆盖各个页面，新闻资讯类 App，如今日头条 App 等正逐渐成为越来越多网民获取新闻信息的主要途径。个性化推荐算法的过滤分发机制使得新闻资讯类 App 能够运用大数据技术根据不同用户的偏好来推送差异化的内容，为大众传播时代的信息传播模式带来了全新的变革。

（2）学习成绩预测。掌上高考是由中国教育在线开发并推出的一款高考升学指导应用。该应用主要功能包括：报考信息查询、志愿填报指导、招办专家答疑。这些功能为全国考生提供了全方位的高考升学服务，涵盖了从选校选专业，到填报志愿，再到了解录取情况的全过程。在实际操作中，学生可以通过掌上高考查询各个高校和专业的招生信息，获取最权威、准确、及时的数据信息。此外，根据学生的成绩，掌上高考还能预估分数，帮助学生更好地规划自己的大学之路。最后，在填报志愿阶段，掌上高考还可以提供志愿填报指导服务，结合学生的成绩和意愿，提供合理的志愿填报建议。

（3）学习分析。英语背诵单词软件，比如墨墨背单词，是一款高效抗遗忘，轻松规划海量词汇记忆的背单词软件。基于 1200 多亿条用户记忆行为数据，结合每次记忆反馈，识别记忆持久度，分析你的遗忘曲线，精准定位对每个单词的遗忘临界点，动态调整复习规划，高效规划海量词汇记忆。

（4）智能评价。例如，在写作方面，作文评分是一个复杂的问题，属于高风险测评。现在，自动作文评价系统已经得到商业化，并且正在用于对数百万考生的作文进行评价。这个系统的成功得益于相对成熟的自然语言处理技术和丰富的资源积累。同时，这样的系统也可以用于英语作文教学。

4. 精准教育决策

传统教育决策主要依赖教师经验，主观性强且受个人知识水平的限制。教育大数据通过科学数据收集和分析，客观制定符合实际需求的教育决策。

例如，当前教育治理的重要任务是推动幼小衔接工作的科学开展。通过运用大数据文本挖掘技术，选取相关评论作为研究对象，从文本内容、话语实践和社会实践三个方面进行批判性话语分析。结果显示，受既往政策实践和社会文化的影响，大众对幼小衔接的认识还停留在感性认知阶段，过于关注幼儿在学业方面的衔接，担心孩子因为没有提前学习相关知识而不适应小学，甚至影响将来的升学。同时，过分强调政府、小学和幼儿园的责任，忽视了家长在幼小衔接中的作用。这可能会阻碍幼小衔接政策的有效实施，并对幼儿的发展产生负面影响。因此，政府应重视幼小衔接政策的社会宣传，采取多种政策工具来落实相关政策，并完善相关家庭教育服务体系。

2　教育 App 研究现状

2.1　教育 App 的应用模式

随着整个社会信息化程度的进一步加深，人们已经对学习环境的发展提出了新的要求，即构建智慧学习环境，以满足教师和学生学习的需要。智慧学习环境的构成要素包括：教学方式、学习方式、资源、工具、学习社群、教学社群六个方面。如今智能移动终端的迅猛发展与普及，使得教育 App 能够很好地对智慧学习环境的构建与应用给予有力的支撑与促进。下面从智慧学习环境的构成要素中的教学方式、学习方式、资源、工具、社群五个方面阐述教育 App 的应用模式。

一、获取学习过程数据以进行学习活动的干预

获取学习过程数据，并在此基础上进行学习活动的设计与干预，是目前新型教学模式的显著特征之一。学习过程数据包括课外、课堂上每个学生认知水平数据的获取。近几年，广受欢迎的翻转课堂，以及重新引起学者关注的信息技术支持的精准教学等教学模式，能够成功开展的关键节点之一，都是以学生的学习过程数据为基础的。因此，如何获得过程数据，特别是在课堂上获取这些数据，成为这些教学模式能否深入开展的关键。教育 App 凭借其便携性、简单的交互性等显著优势，以

及移动网络通信等技术，"走进了"课堂。通过 App，教师可随时获取每个学生的学习过程数据。可以说，教育 App 对新型教学模式的应用与推广普及，对信息技术与教学的深度融合，起到了决定性作用。

目前，已有多款教育 App 能够支持教师分发作业或测试，学生提交作业，同时教师端可实现数据的获取，并进行统计与分析。例如，GoogleClassroom、Blackboard、ClassDojo、Edmomo 等教学管理系统，均支持对学生的学习行为进行跟踪记录，对获取分析学习过程数据提供了很好的支持。Plicker 则是通过扫描学生手中的纸质卡片获取并统计学习信息，因降低了教学成本而广受教师欢迎。

二、方便的交互方式促进群体协同知识建构

学习环境的变迁，势必引起学习方式的变革。智慧学习环境下学习方式的典型特征之一是群体协同知识建构。群体协同知识建构，无论是在面对面的课堂，还是基于网络的虚拟学习空间，都需要借助信息化工具作为支撑。借助信息化工具，一方面用于个人成果的生成与呈现，另一方面用于群体的协同建构与分享。Padlet、Post-it Plus、Mindomo、Edmodo 等教育 App 均支持群体系统知识建构。以 Padlet 为例，用户可通过拖拽、拍照、扫描等多种交互方式生成包含视频、音频、文本等多种媒体形式的个人作品，同时支持群体进行协同知识建构。Dewiit 等研究者将 Padlet 应用于课堂教学，用以支持学生的协同知识建构，并取得了较好的效果。还有研究者通过实证研究，论证了学生在使用基于 iPad 或手机的 Edmodo 进行协同知识建构，能更好地促进学生对协作学习的体验。

三、智能认知工具支持学生的主动探究与假设检验

认知工具是学生进行主动探究与假设检验的必要工具。借助认知工具，学生可以自己动手进行探究，大胆尝试自己的假设，这对于培养学

生的创新意识、创新能力，具有重要的意义。借助智能移动终端的触屏技术，学生可以方便快捷地进行主动探究和假设检验。例如，Desmos Graphing Calculator 能够依据学生输入的方程，生成相应的图形。学生可以随意在 App 中调整方程参数，而图形随之进行相应变化。学生可以根据参数与图形之间的关系，探究相应的知识，并进行相关知识的假设检验。

四、实时的社交功能加强了社群之间的沟通与分享

网络社群的沟通与信息分享，无论对于教师的教学、学生的学习，还是家长对学生情况的实时了解，都起着非常重要的作用。运行于智能移动终端的教育 App，更由于其便携的特性，进一步促进了教师之间、学生之间、师生之间、家校之间的沟通。例如，我国的学乐云教学，为校内教师之间、师生之间，以及学生之间搭建了沟通交流的平台，用户可以随时随地通过手机等进行交流。Edmodo、classDojo 等 App 则同时支持家长对学生的学习记录进行查看，以便及时了解孩子的学习情况。

五、简单的学习资源生成与获取方式进一步促进知识的传播与共享

（一）学习资源生成工具

资源共享的前提是学习资源的生成，包括视频资源、音频资源、动画等各种多媒体资源的生成。对于视频教学资源的制作，除可以在电脑上完成外，还可以通过 App 生成。Knowmia 是一款运行于智能移动终端的支持教学视频资源制作的工具。通过 Knowmia，教师可以随时随地地按照自己的教学设计，录制教学视频，并分发给学生。此外，Tellagami、30Thands、ABCya Animate、Do Ink Animate and Draw 等多款 App 均支持语音、动画等学习资源的生成。学生，甚至是幼儿园的孩子也可以借助这些工具生成自己的故事，并制作视频进行发布。

（二）资源管理与获取平台

除面向课堂进行学习资源的获取与管理的平台（如 GoogleClassroom、Blackboard 等）之外，慕课平台是提供优质学习资源管理与获取的典范。各大慕课网站都推出了 App 版（如 Coursera 推出的 App——Coursera，我国的慕课 App——学堂在线、中国大学慕课等）。世界各地的用户均可通过手机或平板电脑下载相应 App，通过慕课学习。

2.2 教育 App 的评价

如何对教育 App 的质量进行评价，是近几年教育研究者关注的焦点问题之一。不同研究者从不同角度，设计了教育 App 的评价框架。一些研究者从已有的理论出发，推演出教育 App 的评价框架。例如，Hirsh-Pasek，Zosh，et al.（2015）以学习科学的相关理论为基础，提出以学习科学的四大支柱（主动性、投入度、有意义以及社会交往），学习目标，学习支架为基本框架进行教育 App 的设计与评价。其中，主动性是指教育 App 的设计应发挥学习者的积极主动性，通过设计各种认知活动让学生主动参与到学习中（如进行角色扮演、主动操作等），而不仅仅是通过点击、滑动等被动地看、听。投入度是指资源的设计应尽可能降低外在认知负荷，减少不必要干扰因素，使学生能够全神贯注地学习。有意义是指要提供与实际生活紧密相连的有意义学习体验，社会交往则是学习过程中能够有效与他人进行有效互动交流，促进知识的意义建构。基于 Hirsh 等的研究成果，Marisa Meyer 等以四大支柱为评价的基本框架，对谷歌应用商店和苹果应用商店的前 100 个教育 App 进行了评价。也有研究者从用户视角出发，研究影响教师，家长选择下载、付费教育 App 的因素。例如，Armaghan Montazami, et al.（2022）借助眼动仪，探究了教师挑选教育 App 的理由，得出教师在选择教育 App 时，更多关注的是 App 的开发团队、提供的学习支架，以及 App 中的课程内容，但对 App 中提供的反馈和相应的理论基础的关注不够。有的研究者分析了学生使用 App 的学习行为数据，在此基础上探讨了影响学生使用 App 的因素：教学支架、过程性反馈、文字转语音功能、交互方式、娱乐内容与教育的平衡等，还有的研究者基于应用商店中用户评论文本的分析，提出了教育 App 的评价模型。例如，程罡等（2014）通过对应用商店中排名前 40 的教育 App 的 1000 条用户评论进行分析，进而得出用户视角下的教育 App 评价框架：整体学习体验和一致性、内容质量、内容数量和粒度大小、交互设计（包括人机交互和社会交互）、可获取性、媒体表征、学习评价与反馈、情境适应与个性化。

这些评价框架不仅为评价教育 App 提供了参考，而且也为设计、开发教育 App 提供了依据。

2.3　教育 App 的建设机制

学习资源的发展，首要的是资源建设。目前，教育 App 的建设主要由公司、教育科研机构、政府，或者其他从业人员来完成。从目前的状况来看，已经形成了以公司为主体、教育科研机构为先导、政府为引领、个人开发作为有益补充的良好发展态势。

一、公司成为教育 App 的建设主力

信息技术公司、教育产品公司目前是教育 App 的开发主力军。巨大的在线教育市场发展空间驱使众多公司，包括非教育产品公司开始

关注，并投入教育 App 的开发中。这些公司包括了一些传统的具有很强技术实力的 IT 业界大公司，如 Google 公司、百度公司等，也包含了之前的开发基于 PC 机教育产品的公司，如 Blackboard 等。同时，还有很多获得巨额融资的新兴公司，如 Canvas 公司、我国的猿题库等。这些公司的大量投入，为教育 App 市场带来了巨大的生命力，对于教育 App 的移动学习资源建设起到了极大的促进作用。

公司作为教育 App 开发的主力军，必然存在着一些优势与不足。优势在于有相应的人力、资金与技术做支撑与保障，产品开发速度快，能在较短时间投入市场。但其先天的不足，则是公司以盈利为目的，只要能够占领市场份额，满足市场需求，就会投入开发。但其产品质量良莠不齐，但可能并不都符合学习规律且具有教育价值。

二、教育科研机构积极探究教育 App 的设计与应用

教育科研机构长期从事教育的科学研究工作，了解学生的学习规律及认知发展特点。同时通过反复的实验研究，探索将信息技术与教育进行深度融合的方法。相对于公司，教育科研机构积极探索教育 App 的设计与应用，探究如何根据不同年龄、学科特点设计 App，以及如何进行教育教学应用。教育科研机构应与公司合作，一方面，可以将科研机构中的研究成果应用到实践；另一方面，则可以借助公司的人力、技术与资金力量，设计开发出符合学习规律与认知特点的教育 App 产品。

三、积极寻求政府的政策与资金支持

政府对教育 App 的资金投入、政策支持，均对资源建设进程起着至关重要的引领与导向的作用。

（一）制定政策引领教育 App 开发

在教育 App 市场风起云涌的形势下，2015 年 4 月，为指导教育 App 从业者能够开发出有效的教育 App，美国教育部教育技术办公室

发布了《教育技术开发人员指南》，从教育 App 的建设规范、市场切入点、产品设计、获取资金途径，到如何与用户沟通以及教育 App 在教学中的应用情境进行了权威阐述。美国教育部的这一举措为教育 App 开发者提供了很好的政策指引与开发建议，对于进一步规范与促进美国教育 App 的发展起到了促进作用。

（二）资金的投入推动教育 App 发展进程

为促进阿拉伯地区的教育信息化进程，阿拉伯国家教科文组织（Arab League Educational，Cultural and Scientific Organization，简称 Alecso）启动了 Alecso APPs 项目，专门为阿拉伯地区各个国家的教育 App 开发、应用及推广提供服务平台与技术支持。该项目由三个部分构成：Alecso APPs 商店，Alecso APPs 编辑与 Alecso APPs 资助。其中，Alecso APPs 商店为教育 App 的开发者和使用者搭建了沟通的平台，支持开发者上传 App 以及使用者进行 App 的下载。Alecso APPs 编辑部分，则支持非专业技术人员对 App 进行开发和编辑，降低了 App 开发的门槛，为教育 App 的进一步推广提供了支持。Alecso APPs 资助则是为激发开发教育 App 的积极性而设置的奖励机制。此外，Alecso APPs 项目还为阿拉伯地区的教育 App 开发者提供支持与帮助，这对于促进和引领青年人进行教育 App 的开发提供了强有力的支撑。

（三）政府主导多方联合解决教育领域的社会性问题

政府站在国家的高度，可以联合教育科研机构、公司等多方共同进行教育 App 的设计与开发，以解决在教育发展进程中面临的社会性问题。

2013 年的统计数据显示，英国有近 500 万成年人存在文字障碍，1600 万成年人数学水平较低，进而导致这些人不能很好地参与到社会活动中。为提高英国公民的整体数学水平，2013 年 12 月，英国商业创新技能部（Department for Business，Innovation and skills，UK government）投资 202392 美元，联合博尔顿大学，以及一家运营社交媒体的机构启动了"数学无处不在（Maths Everywhere）"项目。该项目意在通过设计与开发专门用以提高英国各年龄阶段人员数学能力的教育 App，以帮助提高英国公民的整体数学水平。

同样，为提升学生的公民意识，增强美国学生对国会的了解，2015年10月，美国国会图书馆联合乔治梅森大学历史与新媒体罗伊茨中心，以及玛茨雷恩公司，用两年的时间开发促进基础教育（简称 K12）学生了解国会知识与公民意识的教育 App。该项目将结合美国国会图书馆的数字资源（包括文档、照片、公告、音频与视频资源），开发教育 App，以培养学生的公民意识，使学生知道国会如何有效运作，以及了解国会通常在面临公共问题时的解决方案。其中，美国印第安纳大学的政府代表中心获得美国国会图书馆的 315000 美元的资助。

加拿大政府也投入资金进行教育 App 开发。受加拿大工业研究援助计划支持的加拿大国家研究委员会（NRC-IRAP）与 Mathtoons Media 公司合作，计划开发数学和科学学科的教育 App。该项目由 NRC-IRAP 提供咨询服务，并投资 221000 美元资助 Mathtoon 公司，花费为期一年的时间，开发能够支持教师协同著作以及支持学生个性化学习的教育 App。该项目目的在于促进加拿大西部教育的发展，如促进学生能够更具个性化地、灵活地学习，以及开发支持教师能够共同协作开发教育 App 的工具，并最终促进 STEM 学习。

四、教育 App 的个人自主开发作为有益补充

App 的开发可以在基于 Android、IOS 等移动终端的操作系统之上进行原生系统开发，或使用 HTML5 进行开发。这些开发方法都需要开发人员为专门的编程人员，具备一定的编程基础。除此之外，一些开发工具降低了 App 的开发门槛，使得不具备编程经验的人，甚至是中小学生，也可以进行 App 的开发。例如，麻省理工学院的 App Inventor，可以使开发者无须具备编程基础，而采用类似搭积木的方法完成 Android 程序开发。这些工具降低了 App 的开发门槛，让更多人参与到 App 的开发与制作中，扩大了开发队伍。人们可以依据个人的实际需求，以及教育理念设计与制作教育 App，进一步丰富了教育 App 资源，使得教育 App 可以更加多元化地发展。

2.4 教育 App 的推广途径

目前，App 产品推广的主要途径是各个运行于智能终端的应用商店。生产者将 App 上传到不同的应用商店，用户点击应用商店，进行浏览或查找，下载相应 App 并使用。现有的三大应用商店为苹果应用商店、亚马逊应用商店，以及谷歌应用商店。

相对于其他类型的 App（如体育、医疗、健康健美、娱乐等），教育 App 有其独有的特性。最显著的一点，即教育 App 具有很强的指向性。教育本身是一个巨大的门类，囊括了不同学科。不同教育 App，其功能不同，适用的人群也各不相同。因此，在整个"教育"类别中，教育 App 数量庞大。在几个主要的 App 应用商店，就有超过 15 万个教育 App。将如此庞杂的众多 App 放在一起，让教师或者学生自己去浏览和查找，无疑对于教育 App 的推广和进一步发展产生一定的影响。为进一步对教育 App 进行甄别，英国推出了教育 App 商店（Educational App Store）网站。该网站依据英国的课程标准，对经过该网站审核认证的教育 App 做了进一步的分类，为用户快速找到符合其需求的教育

App 提供了快捷通道。此外，该网站不仅有来自开发商对每个 App 的介绍，还有一线教师对 App 的评价。这些内容为用户选择 App 提供了有益的参考。目前，教育 App 商店网站已经有超过 8500 个英国学校加入。

目前，我国教育 App 的推广主要依赖 App 商店，尚未形成有效的推广机制。一方面，教师和学生较难在各大 App 商店中快速搜索到符合满足其需求的产品；另一方面，还有不少人不知道如何搜索和使用 App。

2.5　教育 App 的监管方法

App 的获取途径主要是通过各个 App 应用商店。因此，对于 App 的监管，也主要是由各个应用商店进行把控。就安卓 App 而言，由于基于安卓的应用商店较多，不同应用商店的监管力度也各不相同，因此其产品质量良莠不齐。相比较而言，苹果 App 商店的监管相对比较完善。

伴随 App 的飞速发展，也出现了诸多的 App 乱象，如手机病毒、用户信息盗取、恶意传播、流量损失、恶意扣费等。App 市场的监管已经成为公众普遍关注的社会性问题。如何对如雨后春笋般迅速发展的 App 进行监管，已经引起了各个国家的关注。就我国而言，工信部在 2013 年 4 月发布了《关于加强移动智能终端进网管理的通知》，根据要求，手机厂商预装软件必须经过工信部的审核，并要求手机厂商不得安装未经用户同意、擅自收集、修改用户信息的软件，以及给用户造成流量消耗、费用损失、信息泄露等不良后果的软件。北京市也正在研究制定《北京市 App 应用程序公众信息服务发展管理暂行办法》《北京市即时通信工具公众信息服务发展管理暂时规定实施细则》《北京市互联网新技术新业务审批暂行办法》等系列法规。

相对其他类别的 App，教育 App 的监管问题更加严峻，学生在使用 App 时，如何保护学生的个人隐私和确保网络安全，都有待相关部分进一步进行规范。此外，教育 App 的监管还存在着对教育内容的监管问题。如何保证教育内容的正确性、科学性、合理性，仅仅依靠 App 应用商店是较难做到的。

3　基于应用简介的我国教育App
发展现状分析

目前，应用商店已成为用户获取App的主要途径。人们在应用商店中查找、搜索App，浏览App的简介、用户评论，对App进行筛选、下载。可以说，应用商店中App的简介是人们选择App的重要依据。下面是应用商店中某个英语App的简介。

■ 安卓市场英语学习必备推荐应用。

■ 累计用户超2.3亿、全网好评超100万＋、英语先过单词关、2亿人用百词斩！图片背单词、押韵背单词、8类专项单词训练，轻松解决你的背单词难题，让你趣味学习、高效记忆！

【详解单词——记得准】

- 考试级读音原声录制，背词更加身临其境

- 立体化解析单词内容，单词变形全部搞定

- 全方位素材辅助记忆，内容掌握效果显著

【海量词书——记得全】

- 内含200＋权威词库，满足各类人群学习需求

- 覆盖小学/中学/四六级/考研/雅思/托福等

- 权威考纲＋精选内容，为你的学习之路保驾护航

【复习利器——记得牢】

- 英文选义/中文选词，互译训练效果佳
- 全拼组合/填空拼写，单词默写效率高
- 读词填空/单词速听，听读写译一把抓

【定制学习——记得清】

- 订制个性学习计划，适合自己很重要
- 记录点滴学习行为，效果提升看得见
- 多重推送提醒学习，形成习惯不懈怠

【趣味活动——有动力】

- 加入班级、同桌，完成学习奖励多
- 单词游戏在线 PK，一起学习有动力
- 组队打卡分享，让进步随时随地发生

一般来说，应用简介文本中包含了 App 的学科内容、功能描述、特点、优势、适用对象，以及采用的技术等大量信息。因此，对应用商店中教育 App 简介文本进行分析，能够从宏观层面分析出当前我国教育 App 涵盖的教育内容、使用的技术、为学习者提供的服务等，进而探究当前我国教育 App 的发展现状。

3.1　研究设计

本研究采用内容分析法，以应用商店中教育 App 的应用简介为研究对象，分析我国早教 App、K12 教育 App 和高等教育 App 的发展现状。为更好地发现当前我国教育 App 的优势与不足，本研究同时获取了国外早教、K12 教育 App 的应用简介，采用与国外教育 App 进行对比分析的方法。具体研究思路如图 3.1 所示。

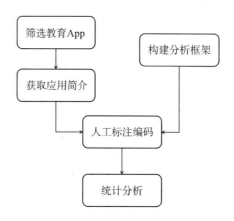

图 3.1 基于应用简介的我国教育 App 发展现状分析过程

筛选教育 App 是第一步，进而获取这些教育 App 的应用简介。在分析 App 应用简介之前，构建分析框架，即确定从哪些维度对应用简介进行分析。构建好分析框架之后，依据分析框架对教育 App 的应用简介进行人工标注编码，再基于这些编码进行统计分析，最后得出结论。

一、筛选教育 App

当前发布到应用商店的教育 App 数量庞大，但其中有相当一部分下载量较低，应用范围较小，并未被广大用户使用。还有部分教育 App，拥有较大的用户群体，下载量大，在应用商店中的评论数量较多。这些教育 App 是当前我国主要的在线教育资源，对我国教育发展，对教师教学、学生学习都具有一定的影响。因此，对这些教育 App 的应用简介进行分析，其结果能够说明我国当前教育 App 的发展状况。

为此，本研究将基于某数据 App 中的教育 App 排行榜。该排行榜根据 App 的市场份额分析，用户行为分析（App 活跃度、App 留存、使用次数、使用时长等）对 App 进行排序。对排名靠前的教育 App，查看其应用简介中规定的适应对象，若为 0～6 岁，则将该 App 归为早教类；若为小学、初中、高中、中小学、青少年等，则将该 App 归为 K12 类；若为大学、职业院校等，则将该 App 归为高等教育类。本研究分别获取了早教、K12 教育、高等教育前 100 的教育 App。其中，付费榜前 50，免费榜前 50。这些教育 App 是当前我国大多数学习者正在使用的在线学习资源，具有一定的代表性。

为更深入分析当前我国教育 App 发展的特点，本研究获取了该排行榜早教、K12 教育、高等教育前 100 的美国教育 App。通过中美教育 App 对比，深入分析我国教育 App 发展中的优势与不足。本研究利用该排行榜，共筛选国内教育 App300 个（其中早教类 100 个，K12 教育类 100 个，高等教育类 100 个），美国教育 App300 个（其中早教类 100 个，K12 教育类 100 个，高等教育类 100 个）。具体如表 3.1、3.2、3.3 所示。

表 3.1　教育 App 应用简介分析框架

一级指标	二级指标
学习内容	语文、数学、英语、文科（政治、历史、地理等）、理科（物理、化学、生物等）、生活技能、音乐、体育、美术、百科知识、职业认知、综合、基本技能
学习支持	合作学习、游戏、比赛、练习、测试、学习社区、分享、逐级学习、惩罚、奖励、探索、角色扮演、进度跟踪、反馈、学情分析、情景化学习、知识图谱、家长互动、NPC（Non-Player Character，非玩家角色）陪伴、哄睡
呈现方式	视频、音频、动画、文本、图片、VR、AR、直播
个性化	分级学习、内容推送、学习方案、一对一授课
智能化	人工智能技术、增强现实技术、智能监督、智能纠音、大数据技术

表 3.2　中美早教 App 学习内容分布

学习内容	中国	美国
数学	16	14
语文	16	18

续表

学习内容	中国	美国
生活技能	5	6
音乐	4	9
体育	2	2
画画	6	5
百科知识	7	2
职业认知	2	1
综合素质	1	10
乐高	1	2
情感	0	1
宗教	0	1

表 3.3　中美早教 App 学习支持功能对比

学习支持	中国	美国
创作	22	16
游戏	35	38
比赛	5	18
练习测试	20	7
分享	7	6
激励	6	13
探索	18	20
角色扮演	11	0
家长互动	13	9
进度跟踪	6	4
学习反馈	1	3
哄睡	4	2
NPC 陪伴	6	11

二、获取应用简介

应用简介是 App 运营商发布到应用商店上的关于该 App 内容、功能、特点等方面的文字描述。通过应用简介，用户能够获知该 App 涵

盖的内容、提供的功能、优势与特色之处等。应用简介是用户下载 App
的主要依据之一。另外，通过对应用简介进行分析，可了解当前我国教
育 App 的发展状况，进而发现存在的问题，从而为我国教育 App 的健
康有序发展提供基础。

本研究将筛选出来的教育 App 在应用商店中的应用简介文本复制
下来，为基于分析框架的人工编码做好准备。

三、构建分析框架

为清晰、深入分析教育 App 的应用简介文本，并通过其得出当前
我国教育 App 发展的具体现状，本研究采用内容分析法，首先建立分
析框架，构建应用简介文本分类体系，再依据分析框架对文本进行编
码，以此实现量化分析，最后得出结论。

作为智能时代的主要教育资源形态，教育 App 不仅包含了学习内
容，还提供了基于智能移动终端的用于支持教学、学习的诸多功能，个
性化、智能化服务等。对教育 App 进行分析，需结合当前教育 App 设
计开发特点，从采用的技术，内容呈现方式，为学习者提供的学习支持
服务等多个维度构建分析框架。根据现有教育 App 相关文献研究，以
及当前 App 的技术特点，本研究构建的教育 App 应用简介分析框架如
表 3.1 所示。在分析框架中，包含五个一级指标，分别为学习内容、学
习支持、呈现方式、个性化、智能化。

其中，学习内容是指教育 App 中学习资源对应的学科知识、能力
等。教育 App 的学段、类型不同，涵盖的学习内容也不同。通过对学
习内容的统计分析，能够从内容层面知晓作为重要的学习资源，当前我
国教育 App 所涵盖的学科知识、能力的分布情况，以及这些资源是否
符合我国总体教育培养目标的要求。具体来说，学习内容包括文科、理
科、音乐、体育、美术、百科知识、职业认知、乐高、综合素质、精细

动作能力、逻辑思维能力、基本技能、习惯培养、独立学习、创造力、自主表达能力等二级指标。

学习支持是指作为运行于智能移动终端的学习环境，教育 App 为促进学生学习设计了怎样的交互方式、学习活动，以及是否进行了学习分析等。对教育 App 的学习支持进行分析，能够了解目前我国教育 App 的设计是否符合当前教育理论，是否有助于促进学生的学习。学习支持对应的二级指标包括合作学习、游戏、比赛、练习、测试、学习社区、分享、逐级学习、惩罚、奖励、探索、角色扮演、进度跟踪、反馈、学情分析、情景化学习等。

呈现方式是指教育 App 呈现学习资源的方式，包括视频、音频、动画、文本、图片、VR、AR、直播等。

个性化是指教育 App 为满足当前学生个性化学习需求，根据不同学生的不同认知特点所提供的个性化学习支持，具体包括分级学习、内容推送、学习方案、一对一授课等。

智能化是指教育 App 采用的智能技术。通过对呈现方式、个性化、智能化的分析，可以了解当前我国教育 App 的整体技术水平和智能化程度。

由于不同学段的用户年龄差异较大，教育 App 的内容、支持方式等各有不同。因此，当具体分析时，分析框架的二级指标会有所不同。

四、人工标注编码

通常，应用简介的文本多为几百字。虽然字数不多，但却是整个 App 的高度浓缩——短小精悍，信息量很大。应用简介中不同句子代表着不同的信息，每个句子对应了分析框架的不同维度。为对这些文本信息进行量化统计分析，本研究采用人工编码标注的方式。以应用简介中的句子为分析单位，以"。""！"等作为分隔符进行句子划分，再将每个句子所表达的含义映射到分析框架的分类体系下，并将该句子标注为分析框架中某个维度的编码,以便进行量化统计。

五、统计分析

根据应用简介中句子的人工编码结果,基于分析框架,对筛选出的教育 App 应用简介中的每项编码进行统计,得出分析框架中每个维度下句子数量,并对比美国教育 App 的统计结果,以此为依据分析我国教育 App 的发展现状。

3.2　早教 App 应用简介分析及结论

3.2.1　研究结果

一、学习内容分析

在学习内容维度,我国早教 App 的前 100 名中,涉及语文类和数学类学习的数量持平,均为 16 个,各占比 16%;教孩子生活技能的为 5 个,占比 5%;百科知识的 7 个,音乐 4 个,美术 6 个。美国前 100 的 App 中,涉及理科学习的 14 个,文科的 18 个,生活技能的 6 个,音乐的 9 个,综合类的 10 个。具体分布如表 3.2 所示。

国内的语文类 App 主要有识字、书写、拼音、古诗等方面的内容,如米亚识字、洪恩识字等。美国的语文类 App 主要关注字母、单词发音、阅读等方面,如 Sight Words Ninja-Slicing Game to Learn to Read、Lingokids-Play and learn 等。在数学学习方面,国内既有直接进行简单算术练习的 App,如口算练习、数学口算、数学游戏,也有通过角色引领进行数学学习的 App,如优学猫;而美国则更多采用角色引导和角色对话的方式来教授数学,如 Baby games for kids, toddlers。在音乐方面,我国的 App 主要是帮助儿童初步认识音乐,提高对音乐学习的积极性，如德比抽识卡、乐谱抽识卡；美国的 App 则更加具体，涵盖了乐器学习方面的知识，如 Note Rush：Music Reading Game。在综合素质培养方面，我国相应的 App 较少，美国则较多，主要是涉及逻辑思维、问题解决、自信心培养、创造力等方面。

二、学习支持分析

在学习支持方面，我国早教 App 中，支持创作的为 22 个，游戏类的为 35 个，提供练习测试功能的为 20 个，具有探索功能的为 18 个，具有角色扮演功能的为 11 个。美国早教 App 中，支持创作的为 16 个，游戏类的为 38 个，提供练习测试功能的为 7 个，具有探索功能的为 20 个。具体学习支持情况如表 3.3 所示。

我国早教 App 为孩子的自主创作提供了更多的平台（我国为 22％，美国为 16％），同时也提供了更多试错的机会。例如，Toca Lab：Plants 是一款探索植物独特个性的应用，允许儿童混合两种植物并观察其反应，从而加深对植物的认识，激发对植物的兴趣。在创作方面，中美的 App 通过让儿童在游戏中设计发型或制作美食等方式发挥其想象力和创造力。

在激励方面，恰当的激励方式能激发儿童继续游戏和学习的兴趣。App 中常用的激励机制为阶梯式进阶、游戏通关等。例如，国内的洪恩小画家采用了阶梯式难度递增的学习方法，通过逐渐提高学习难度的方式来帮助儿童逐步学习更加复杂的知识；美国的 PAW Patrol：Air & Sea、Teach Your Monster to Read，通过通关的方式，在游戏中逐步提升游戏难度，使儿童逐步习得更加困难的知识。相比之下，美国的 App 在激励方面做得更好（我国 6％，美国 13％），有更多的 App 在简介中提到了给予儿童惩罚与激励。

在早教 App 中，设计家长互动功能有利于促进亲子关系，高质量的亲子言语互动对儿童的言语发展有积极作用。在 App 中，家长可以通过及时查看学习状况更好地对学生进行监管。在我国早教 App 中，13％的 App 简介中提及了家长互动功能，高于美国的 9％。

三、呈现方式分析

早教 App 中资源呈现方式统计结果如表 3.4 所示。

表 3.4　中美早教 App 资源呈现方式统计结果

科目	中国	美国
音频	9	15
书本	2	1
视频	7	12
动画	20	14
3D	6	5
图片	3	5
卡片	1	2
增强现实技术	2	1
绘本	8	0

从统计结果来看，目前我国早教 App 中的资源呈现方式以动画为主，占比 20％；其次为绘本，占比 8％；再次为音频、视频、3D 等。在当前我国的早教 App 中，应用增强现实技术的 App 较少，仅占比 2％。其中"我的奇幻乐园"App 应用了这一技术来呈现故事中的角色，让孩子喜爱的角色"活"了起来。

相对而言，美国早教 App 中的资源动画、视频、音频分布较均匀，同样 3D、增强技术应用的较少。

四、个性化分析

早教 App 中个性化支持的统计结果如表 3.5 所示。

表 3.5　中美早教 App 个性化统计结果

个性化类别	中国	美国
分级学习	10	12
定制	11	4
内容推送	8	4
学习工具	5	8
学习方案	3	2
一对一授课	2	0

从统计结果来看，我国早教 App 中支持个性化学习的占比 39%，其中 10 个提供了分级学习功能，11 个支持定制学习内容，8 个具有内容推送功能。

相较于美国的早教 App，我国在定制服务和内容推送功能上占比更多，但学习工具较少。美国早教 App 提供了更多样化的学习工具，给儿童提供了更多的选择机会。国内的教育 App 拥有丰富的绘画工具，包括铅笔、水彩、油画、蜡笔等 12 种不同的绘画工具，还有一些以各种主题为特色的工具，如洪恩小画家。美国的教育 App 则更注重在绘画中提供不同的着色工具，以及帮助儿童学习的工具——涵盖了 193 个国家的卡片和丰富多彩的互动地图，如 Stack the Nations。在授课方式方面，国内的教育 App 更注重一对一授课，采用一对一视频辅导模式，同时班主任通过 AI（Artificial Intelligent，人工智能）互动课的监课平台能够随时发现学习有困难的学生，并及时给予帮助。此外，IM（Instant Messaging，即时通讯）辅导工具也能实现与学生一对一的交流，如猿编程、简小知等。这些授课方式都能更好地满足儿童的学习需求，体现了国内教育 App 更注重儿童的学习这一特点。

五、智能化分析

早教 App 中智能化统计结果如表 3.6 所示。

表 3.6 中美早教 App 智能化统计结果

智能化	中国	美国
人工智能技术	5	1
智能纠音	3	0
智能监督	6	0
大数据技术	1	0
多点触控	0	1
面部跟踪技术	0	1
图像识别技术	0	1
视频建模	0	1

从整体来看，所调查的我国早教前 100 名的 App 简介中，包含人工智能技术的有 15 个，占比 15%，具体包括 AI 动画、AI 互动、智能纠音、智能监管、多点触控技术等。其中，智能纠音能够实现自动纠正儿童发音，智能监管技术可以提醒儿童与屏幕保持距离。多点触控技术支持家长与儿童共享游戏，促进亲子关系。美国前 100 名的 App 中，具有智能化功能的共 5 个，占比 5%。

3.2.2 研究结论

随着全球化教育市场的不断扩大和全球化进程的加速，国内早教 App 正在逐渐与美国接轨。然而，尽管在某些方面已经取得了进步，但仍存在一些差距，面临着新的挑战。

首先，在学习内容方面，我国目前处于普及教育阶段，所以即便是早期教育类的 App，也大多是关于文化课的学习，主要体现在语文、数学类的数量较多。由此可以看出，我国家长的教育目的明确，早期教育主要就是培养学生初步学习数学知识和拼音，掌握一定数量的汉字。美国则不同，相较于国内，美国的艺术类 App 数量更多，并且艺术和文化课的比重比较均衡，由此看出，美国的早教更加重视孩子的全面发展。

其次，在管理支持方面，国内的 App 更注重家长互动和进度跟踪，这意味着家长在早期教育中起主导作用，他们可以帮助孩子制订学习内容和时长等方面的计划。而在美国，家长的参与度则相对较低。

再次，在能力提升方面，美国的早教 App 更注重培养创造力。创造力是衡量教育质量的标准，是未来社会发展与竞争的关键因素之一。高创造力的学生通常兴趣广泛、热情积极、自信心强，在非智力因素上比较突出。国内早教 App 则更注重基础能力的提升，如阅读能力。此外，美国尤其注重教育 App 用户界面的简洁性和 NPC 陪伴，这有助于儿童更好地理解该 App 的使用方法和功能。在教育 App 中，设置一个 NPC 角色可以吸引儿童的兴趣，并促进早期学习。相比之下，国内在这方面尚有很大的改进空间，通常更多地关注 App 的设计，这是影响儿童早期学习的一个重要因素。

最后，在游戏方式上面，美国早教 App 通过游戏的方式让孩子自主探索游戏内的场景，完成游戏任务，培养孩子的探索精神和创造能力。这种方式可以帮助孩子在游戏中学习和发展各种技能，同时增强他们的动手能力和想象力。国内早教 App 则相对较少涉及这一维度，游戏通常被用于教育知识的呈现和加深孩子对知识的理解。

3.3 K12 教育 App 应用简介分析及结论

3.3.1 研究结果

一、学习内容分析

K12 教育 App 的学习内容分析结果如表 3.7 所示。结果表明，目前我国 K12 教育 App 仍以英语、语文、数学为主，其中英语类 App 最多，占比 30％，排名第一。其次为语文（28％）、数学（27％），而艺术学科如"绘画""音乐"等提及的相对较少。

表 3.7 中美 K12 教育 App 学习支持统计结果

学习内容	中国	美国
语文	28	5
数学	27	22
英语	30	11
理科	26	15
文科	16	11
音乐	7	16
多语种	8	10
绘画	6	14
科学	0	10
生活技能	0	7
逻辑思维	2	12
自主探究能力	3	9
动脑动手能力	0	8
耐心和毅力	0	10
记忆力	7	0
自信心	0	13
批判思维	1	7
社会情感	0	5

相比之下，美国的课程设置灵活多样，各学科内容分布较均衡。究其原因，美国中学阶段包括必修课和选修课。必修课注重培养实践操作、逻辑思维和问题解决能力，与学分挂钩。选修课程根据学生兴趣和需求选择，难度相对较低。考试评价更注重开放性答案和灵活的理论考察，鼓励学生进行思考和探索。学生成绩由平时作业和额外课外项目综合计算。因此，教育 App 在学科设置上范围更广，不仅注重学术能力，还注重培养学生在艺术方面的才能，促进学生综合发展，培养学生广泛

的兴趣和技能，帮助学生拓宽知识面、开阔视野，培养多元化人才。

美国 K12 教育 App 在培养学生综合能力方面明显较高。不同的教育体系对培养学生的能力有着不同的侧重点和重视程度。国外的教育理念注重学生全面发展，强调不仅要掌握知识，还要具备各项综合能力。为此，国外的教育 App 注重提供多元化、趣味性的学习体验，各种能力训练和评估工具可以增强学生的参与度和学习兴趣，教育 App 在实现全面发展方面发挥着重要作用。

在国内，教育重视考试成绩和知识点的掌握，注重应试教育和考试培训。在这种教育理念下，学生需要花费大量时间来掌握各种知识点并取得高分，过程中缺乏对能力提升的关注。此外，国内教育市场竞争激烈，但很多教育 App 追求的是用户数量和收入，而非学生能力的全面发展。因此，很多教育 App 在设计上也更注重应试教育和考试培训，并没有充分考虑到学生综合能力的提升。另外，国内家长和学生在选择教育类 App 时也普遍倾向于应试教育和考试培训类 App，以提高成绩和学习能力为主，这也进一步加剧了国内教育类 App 对应试教育和考试培训的依赖。

二、学习支持分析

学习支持分析结果如表 3.8 所示。从统计结果来看，我国 K12 教育 App 在学习支持方面，以练习、测试居多，分别占比 30％、15％，而以游戏形式进行学习的 App 则较少，占比 10％。在利用社交进行学习方面，提供学习社区功能的 App 占比 12％，提供合作学习功能的 App 则为 0。情景化学习的 App 也较少，占比 4％。

相对而言，美国 K12 教育 App 中以游戏方式进行学习的 App 最多，占比 35％；其次为练习，占比 25％；提供创作功能的 App 占比 23％，远高于我国的 4％。同样，以角色扮演方式进行学习的 App 占比

15%，而我国仅占 1%。此外，美国有更多的 K12 教育 App 提供了多模式学习、合作学习、情景化学习和多语言的支持。

表 3.8 中美 K12 教育 App 学习支持统计结果

学习支持	中国	美国
比赛	7	15
测试	15	5
创作	4	23
角色扮演	1	15
游戏	10	35
练习	30	25
多模式	0	13
学习社区	12	19
合作学习	0	24
情景化	4	24
多语言	0	24

三、呈现方式分析

K12 教育 App 中资源呈现方式分析结果如表 3.9 所示。

表 3.9 中美 K12 教育 App 资源呈现方式统计结果

个性化	中国	美国
3D	5	18
AR	5	14
图片	5	3
文本	16	0
动画	15	7
视频	20	15
音频	23	10
绘本	7	0
直播	30	3

从分析结果可以得出，当前我国 K12 教育 App 的资源呈现方式最多是直播（占比 30%），其次为音频（占比 23%）、视频（占比 20%）、文本（占比 16%）。而 3D、AR 形式则较少，3D 形式的占比为 5%、AR 为 5%。

相对而言，美国教育 App 的资源呈现方式最多的为 3D，占比 18%；其次为视频，占比 15%；AR 占比 14%。直播课较少，仅占 3%。

四、个性化分析

K12 教育 App 的个性化分析结果如表 3.10 所示。

表 3.10　中美 K12 教育 App 个性化统计结果

个性化	中国	美国
一对一授课	20	5
分级学习	12	15
学习计划	44	34
精准推荐	26	6
知识图谱	18	0

目前，我国 K12 教育 App 的个性化支持主要体现为一对一授课（占比 20%）、为学生提供精准推送服务（占比 26%），支持学生制订学习计划（占比 25%），帮助学生规划学习方案（占比 19%），App 中提供知识图谱支持学生进度追踪（占比 18%）等。

相对而言，美国 K12 教育 App 具有精准推送、学习计划功能的 App 相对较少，一对一授课的 App 仅占 5%，没有 App 提供知识图谱的应用。

五、智能化分析

K12 教育 App 的智能化分析结果如表 3.11 所示。

表 3.11　中美 K12 教育 App 智能化统计结果

智能化	中国	美国
图像识别	12	8
文字识别	5	5
语音识别	8	1
AI 伴学	15	2
智能纠音	15	0
自动批改	16	0
拍照搜题	20	7

从统计结果来看，目前我国 K12 教育 App 中具有智能功能的占比较高，不同的 App 分别提供了图像识别、语音识别、手写识别，用于识别学生的输入数据。此外，15％的 App 提供了 AI 伴学功能，15％提供了智能纠音，16％的 App 提供了自动批改，20％的 App 具有拍照搜题功能。

相较于我国，美国 K12 教育 App 在智能化程度方面较低。

3.3.2　研究结论

一、学习内容仍以学科学习为主，应试教育迹象明显

从分析结果来看，目前我国 K12 教育 App 的学习内容仍以学校中设置的考试科目为主，英语、语文、数学、物理、化学、生物等学科内容的学习是主体，而艺术类的音乐、美术则很少，其中音乐占比 7％，绘画占比 6％。此外，相较于美国，我国 K12 教育 App 中面向高阶思维培养，如批判思维、逻辑思维、探究能力，以及社会交往方面的自信心、社会情感等 App 缺失严重。

二、学习方式较单一，缺少趣味性和社交化

有效的学习方式不仅可以增加学生的学习兴趣，还能提高学习效率，提升学习效果。建构主义学习理论倡导学习的协作性和情境性。学习以小组协作方式进行，不仅可以培养学生的协作能力，还有助于知识的意义建构，促进知识迁移。情景化学习，则有助于学生将所学的知识得以应用。但当前我国 K12 教育 App 中支持情景化学习的 App（包括角色扮演）仅为 5％，美国有 15％的 App 提供了角色扮演功能，24％的 App 具有情景化，15％的 App 提供了比赛功能。在调查的前 100 名的我国 K12 教育 App 中，没有提供协作学习功能的 App。由此可见，在情景化和协作学习方面，我国 K12 教育 App 与美国有较大差距。

此外，游戏化学习的占比也较低，我国 K12 教育 App 中以游戏化方式学习的教育 App 占比为 10％，而美国则为 35％。

三、智能化程度较高，个性化学习得以实现

从分析结果来看，相较于美国，目前我国 K12 教育 App 的智能化程度较高，模式识别、自然语言理解技术已较广泛应用于教育 App，学生输入的图片、语音、手写文字等能够被识别、理解，并给予评价。通过数据收集、分析，部分 App 能够为学生提供知识图谱、定制学习计划，提供个性化反馈等服务，学生的个性化学习得以实现。

四、呈现方式趋于传统，资源形态亟待改进

传统的资源形态为视频、音频、图片、文字。这些呈现方式的传播渠道是单向的，信息仅能从信源单向传送到信宿，不具有互动性。随着虚拟现实技术、增强现实技术的发展，越来越多的资源以 VR、AR 形式呈现。具身认知理论认为，学习过程中加入肢体动作，不仅可以大大提升学习兴趣，还能提高学习过程中的参与度和互动性，更有利于促进学习。但目前，我国 K12 教育 App 中使用 VR/AR 技术的仅占 5％，美国则占 14％。因此，我国 K12 教育 App 的资源形态亟待改进，改变以直播、视频为主的呈现方式。

3.4 高等教育 App 应用简介分析及结论

3.4.1 研究结果

一、学习内容分析

高等教育 App 的学习内容分析结果如表 3.12 所示。分析结果表明，目前我国高等教育类 App 的学习内容涉及面较广，学科领域较多。其中，涉及内容最多的是英语学习类 App，在调查研究的 前100 名中有 11 个是关于英语学习的。此外，考试类的 App 较多，包括了考研、教资考试、事业单位考试、公务员考试等。

表 3.12 高等教育 App 学习内容统计结果

学习内容	App 个数
英语	11
全学科	8
医学	7
法律	6
考研全科	5
教师考试、事业单位	3
专升本	2
政治	2
申论	2
教师资格证笔试面试	2
计算机	2
药学	1
行测	1
数学	1
事业单位笔试面试	1
普通话	1
考研专业课	1
考研公共课	1
教师招聘笔试面试	1

续表

学习内容	App 个数
会计	1
管理类联考	1
公基	1
大学物理	1

二、学习支持分析

高等教育 App 提供的学习支持种类较多，从对 100 个 App 的汇总分析来看，教育 App 中具有"练习"功能的有 68 个、"模拟考试"功能的有 32 个、"离线下载"功能的有 22 个，此外，具有"错题本"功能的有 20 个、"回放"有 8 个、"互动"有 5 个、"测试"有 17 个、"游戏"有 4 个、"学习社区"有 9 个、"答疑"有 10 个、"历史记录"有 5 个、"收藏学习内容"有 3 个、"笔记"有 1 个、"提醒"有 5 个、"单词本"有 2 个、"情景化"有 1 个、"打卡"有 2 个、"分享"有 1 个、"比赛"有 4 个、"在线聊天"有 5 个、"复习"有 1 个、"学习工具"有 7 个。具体如图 3.2 所示。其中，教育 App 中的"题目练习""视频离线下载""模拟考试"和"难点答疑"等功能，能够全方位提升学习者的学习体验。App 目标定位为从移动端补充和完善课程学习系统，利用公众平台推送学习资源，在碎片化学习和系统化学习服务中实现无缝学习的支持，为学生提供更加优质的学习体验。

高等教育 App 为了帮助用户提高学习效率，提供了各种类型的题目，供用户进行练习，其中题库型和趣味动画类是最受欢迎的。题库类符合应试的需要，而趣味动画类符合休闲消遣的需要，帮助用户在休闲中学习。学生可以通过做题来检验自己的学习成果，并从中发现自己的知识盲点。同时，这些 App 还能记录学生的做题过程，为学生提供个性化的学习建议。

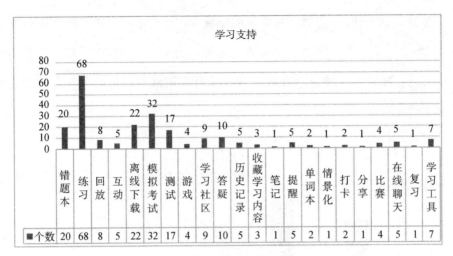

图 3. 2　学习支持统计

　　另外，教育 App 还提供了视频离线下载功能。学生可以下载课程视频，随时随地进行学习。这样一来，学生就可以根据自己的学习进度安排时间，提高学习效率。

　　模拟考试是教育 App 的另一个重要功能。学生可以在 App 上参加模拟考试，了解自己的学习状况，为真正的考试做好准备。此外，教育 App 还提供了难点答疑功能。学生在学习过程中遇到的难题，可以通过 App 向老师请教，获得及时的解答。

　　总的来说，教育 App 通过提供多样化的功能，为学生创造了更加便捷、高效的学习环境。用户在选择 App 进行学习时，不仅要基于自己的学习要求和学习习惯，还要考虑 App 的课程信息和口碑，以期达到最好的学习效果。教育 App 也需要继续完善功能，为学生带来更加优质的学习体验。

三、呈现方式分析

　　随着移动开发技术的进步，教育 App 的功能交互界面和提供的学习支持服务也在不断改善。许多用户被网络课程的多样性、高质量和灵活性所吸引，与此同时，基于教育部倡导的教育资源共享，越来越多的高校和教育机构推出了公开课、精品课等。从图 3.3 中可以看出，在我国高等教育 App 中，"直播"是常见的呈现方式。在 100 个高等教育 App 中有 40 个以"直播"作为呈现方式，另外，有 38 个 App 以"视频"为呈现方式。除了这两种呈现方式之外，还有"游戏""知识卡片"和"音频"的呈现方式。

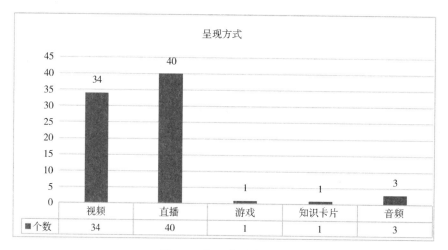

图 3.3　呈现方式统计图

由图 3.3 可以看出，直播和视频是课程的普遍呈现方式，师生可以通过音频、视频形式解决日常作业或课程中的问题。视频授课可以最大化地还原线下授课的场景。尤其在特殊情况下，如疫情期间，学生无法返校上课，线上直播和课程可以为学生提供学习的渠道。相较于传统的教学资源，视频教学具备多维信息传输的能力，有效地克服了时间和空间的限制，成功地将文本、图像、动画和声音等元素融合，展示出优质课程。这种综合视听教学方法能够实现学习者在学习过程中的全方位感知，从而达到理想的视频教学效果。据研究和统计数据显示，综合视听教学方法所带来的教学效果明显优于仅仅依赖视觉或听觉的教学方式。因此，研究高校视频资源库建设对于认识和解决高校教学资源库建设中存在的问题具有重要意义，有助于制订有针对性的解决方案。视频课程可以根据学习者的学习进度和理解程度进行调整，从而满足学习者的个性化需求，但是缺少交互性，直播课程可以让教师和学生实时互动，会让学习者有更强参与感。通过直播教学，教师和学生可以进行实时的互动和答疑。直播教学可以更好地调动学生的学习积极性。直播间的氛围和互动性能够激发学生的学习兴趣，同时也培养了他们的自制能力。随着技术的发展，高等教育也逐渐转向线上。高校网络直播课是高等教育首次大规模线上教学的产物，预示着未来教育的方向。

四、个性化分析

在高等教育中，App 中的个性化功能具有重要作用。目前，越来越多的学生根据自己的学习需求利用 App 进行自主学习。但在没有教师的指导与干预下，若顺利完成自主学习并非易事。自主学习对学习者提出了更高的要求。然而，部分学生由于自主学习意识较弱，自主学习动机不强等原因，学习规划能力不强等原因，导致学习半途而废。因此，App 中的个性化功能，包括学习方案的制定、精准内容推荐等功能，为学生顺利完成自主学习提供了有利的支撑。高等教育 App 的个性化不仅体现在提供定制化的学习内容和服务，更深层次的是根据学生的学习习惯、能力和需求，提供更精准、更优化的学习体验。

个性化统计如图 3.4 所示。

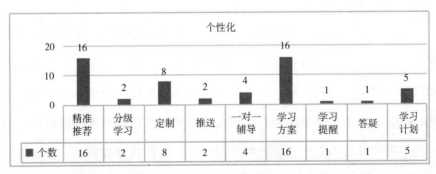

图 3.4　个性化统计图

五、智能化分析

智能化功能标签占 100 个 App 总标签的 3.72％。国内高等教育 App 智能化功能数量的分布情况如图 3.5 所示。从图中可以看出，"语音识别""智能批改"排名最高，分别有 5 个，6 个；其次是"图像识别""智能伴学"与"学习数据分析"，数量分别是 3 个，2 个，3 个；"智能纠音""智能估分""智能评分""错因分析"智能化内容数量最少，均只有 1 个。由此可以看出，随着教育信息化的迅猛发展，具备智能化的教育 App 已经应运而生。通过运用信息技术和网络化构建的体系，学习方式从被动转变为主动、互动式学习，智能批改、语音化识别以及错题分析等功能出现，使得移动学习和个性化学习 App 成为可能。

其一，智能化批改与智能化语音识别在 100 个高等教育 App 中分别占 26.09％，21.74％。智能批改是指利用人工智能等技术对使用者任务进行自动批改，用户能够及时得到反馈，并能根据反馈对任务不断修改完善，进而促进自主学习能力。语音识别是一种将人类语音自动转化为文字的技术。在实际应用中，它通常与自然语言理解、自然语言生成和语音合成等技术相结合，以实现基于语音的自然流畅的人机交互系统。高等教育 App 语音识别技术功能集中在语音转文字以及测试语言发音两方面，能够帮助用户实现语音采集、语音识别以及语音合成，满足用户需求。

其二，图像识别与学习数据分析，各占据 13.04％。传统课堂中往往是教师自主备课，以教师为主体进行课堂讲授教学，学生同伴是教师和同学。对于高等教育用户，自主学习时间比传统课堂学习时间多，因此，在智能伴学条件下，用户可以充分利用网络的互动性、即时性、信息的丰富性等特点来优化自己的学习状态，根据错题分析进一步优化自我学习。高等教育 App 根据用户的学习状态、目标和进度来制订适用于用户自身需求的学习方案，能够通过智能匹配以及智能估分等功能确定用户自身的学习状态。

智能化统计如图 3.5 所示。

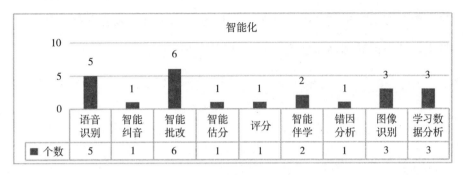

图 3.5 智能化统计图

3.3.2 研究结论

一、教育 App 已成为学生日常学习、考试和求职的重要学习资源

从教育 App 的学习内容分布来看，高等教育 App 中的学习内容涉及面广，学科多，不同专业的学生利用 App 进行学习已成为一种学习常态。在分析研究的教育 App 中，面向考试、求职的 App 占比最多，一方面说明这类学习备受学生关注，另一方面也说明，目前教育 App 已成为学生日常学习、考试和求职中不可或缺的学习资源。

二、智能化给学生带来了更好的用户体验

越来越多的教育 App 具有智能化功能，如智能批改、智能语音识别、大数据分析等技术，能够自动诊断、分析学生的学业情况，生成学业画像，实现精准推送，为学生自主学习提供了更好的用户体验，推动教育的创新和发展，满足学生不同的需求，促进学生学习进步。

三、个性化程度有待进一步提升

从研究结果来看，高等教育 App 的个性化程度仍不高，在简介中提及个性化的 App 仅占 9%。教育 App 很大程度上满足了学习者资源获取的需求，成为学生自主学习的主要途径。在自主学习中，如何针对学生认知水平，期望达成的学习目标，推送符合学生个性特点的学习资源、学习方案，提供精准推送的教育服务，实现日常教育和终身教育定制化，是当前我国高等教育 App 发展的方向。

4 基于用户评论文本挖掘的我国教育 App 发展现状分析

现如今，人们经常在网络上对某商品，或某社会现象、问题等发表自己的评论，表达自己的看法。某条单个的评论文本虽仅代表单个用户的个人观点，但几万，乃至十几万、上百万的用户评论，则能在一定程度上反映人们对某商品，或事件的整体感受。相对于问卷调查，对用户在网络上发表的评论进行分析，能够更真实、客观、准确地了解人们的真实感受。

随着自然语言理解技术的飞速发展，目前在商业、新闻等领域，已有不少研究基于用户评论文本进行情感、主题分析，挖掘隐藏在大量评论文本背后用户普遍的真实意图与想法，分析结果可用于商品设计与开发的改进，整体社会舆情走向分析等。例如，曾金等利用 TF-IDF、TextRank 和 LMKE 算法抽取用户评论关键词，再对关键词进行聚类分析，以此进行用户评论主题挖掘。邢云菲等以网络平台上酒店用户的评论文本为分析对象，利用聚类算法构建挖掘酒店用户的关注点，其分析结果对改进酒店服务起到了积极促进作用。邓春林等则对公共安全突发事件微博用户评论文本进行分析，利用社会网络分析法与 LDA 主题模型进行评论文本中事件关键提取，再结合情感分析方法，挖掘消极情绪产生的原因。

本研究利用文本挖掘技术，分别对应用商店中早教 App、K12 教育 App、高等教育 App 的用户评论进行文本挖掘，期望从用户真实使用感受中分析当前我国教育 App 的发展是否能满足用户的学习需求，发现当前我国教育 App 用户关注的问题有哪些，以此探究当前我国教育 App 的发展态势。

4.1 文本挖掘相关技术

文本挖掘，也被称为文本数据挖掘或文本分析，是一种从大量非结构化文本中提取有价值信息和知识的过程。下面介绍与本研究直接相关的文本挖掘技术。

4.1.1 网络数据获取

目前，人们广泛使用网络爬虫程序自动获取网络数据。网络爬虫是一种用于在互联网上收集信息的自动化程序。它通过模拟人类浏览网页的行为，自动访问网页并提取网页中的数据。网络爬虫获取网页信息时，通常从一个预先设定的 URL（Uniform Resource Locator，统一资源定位符）开始，爬虫程序向目标 URL 发送 HTTP 请求，获取网页的 HTML 源代码，并对获取到的 HTML 源代码进行解析，提取出所需的数据。这个过程通常使用 HTML 解析库，如 BeautifulSoup、lxml 等。接着再将提取到的数据存储到数据库或文件中，以便后续处理和分析。一般情况下，爬虫程序会将预先设定的 URL 作为获取信息的起点，再使用正则表达式、XPath 等技术从当前页面中提取出其他链接，作为下一步要访问的目标 URL。

网络爬虫程序可以根据需求，对特定网站或特定数据实现自动采集，无须人工干预，可以在短时间内访问大量网页，快速获取所需数据。目前，网络爬虫已广泛应用于搜索引擎、数据采集、竞品分析、舆情监控等领域。

4.1.2　关键词自动提取

关键词自动提取也被称为 Keyphrase Extraction（KPE），是指从文本中抽取出具有一定意义或用于表征该文本特征的词语。一般来说，关键词应该具备以下特点：①对当前文本而言，最能反映文本主题或内容的词语；②在其他文本中出现频率比较低；③在当前文本中出现频率比较高。应用关键词提取技术，能够从大量文本中快速提取出能够表征文档主要思想、核心观点的关键词语，能够帮助人们通过关键词语快速知晓大量文本中的核心要义。目前，常用的关键词提取方法是 TF-IDF。

TF-IDF（Term Frequency-inverse Document Frequency），是一种用于信息检索和文本挖掘的常用加权技术，在用户评论文本挖掘领域是一种常见的统计关键词的方法，用以评估一个字词对于一个文件集或一个语料库中的其中一份文件的重要程度。通俗来说，就是衡量文档内词语重要性的指标，是对词频的升级和改造。在词频分析中，我们一般会简单粗暴地认为词频越高的词语重要性越高，但是存在一些特殊情况，如一些无意义表述的词语尽管词频很高，但是由于其普遍存在于文档的各个部分，重要程度不高；又如尽管一些词语的词频较低，但是它们却集中出现在一些文档的某些位置，具有代表性和分析意义。因此，针对上述问题，TF-IDF 提出了解决方法。

TF-IDF 包含 TF 和 IDF 两个部分。其中 TF 表示为词频，代表一个词在文件中出现的频率，即 $tf_{ij} = \dfrac{n_{ij}}{\sum_k n_{ij}}$，$n_{ij}$ 表示文档中词的出现次数，$\sum n_{ij}$ 表示将文档中所有词出现次数进行求和；IDF 表示逆向文件频率，即 $idf_t = \log\left(\dfrac{|D|}{1+|D_{ti}|}\right)$，$|D|$ 表示文本集中的所有文本数，$|D_{ti}|$ 为文本中含有词的文本数，IDF 是度量一个词语普遍重要性，主要是用以约束词频 TF。值得一提的是，在 Python 的 scikit-learn 库中，在计算 IDF 时，对于每个词语，将其出现次数加 1，再加一个常数 1，然后计算其逆文档频率。这样做可以避免对于出现次数为 0 的词出现除以 0 的情况，同时也能够顺利地处理那些在训练集中没有出现过的词。

通过 TF 和 IDF 两个部分相乘来评价一个字词对于一个文件集或一个语料集的其中一份文件的重要程度。其计算公式如式（1）所示，通过分析公式可知，TF－IDF 的数值会随着词语频率的增大而增大，但会随着词语在更多的文档中的出现而下降，如此就能达到突出重要词语，抑制次要词语的效果。总的来说，某个词语的 TF－IDF 值越大，则说明它在该文档或文档集中的重要性就越高。

$$TF-IDF = tf_{ij} \times idf_t = \frac{n_{ij}}{\sum_k n_{ij}} \times \log\left(\frac{|D|}{1+|D_{ti}|}\right) \tag{1}$$

通过词语的 TF-IDF 值可以建立词语与文档之间的热力图，还可以基于大量已有的文本语料库查找与某个句子最相关的文本文档，最常用的是提取一段文本中的关键词语并针对重要性进行排序输出。TF-IDF 的优势在于它简单、快速、容易理解，适用于不同领域的文本，对一些无关紧要的词语进行过滤，能够有效地反映一个词在文档中的重要程度。TF-IDF 可以与其他文本挖掘技术相结合，如朴素贝叶斯分类器、支持向量机等，以进一步提高文本挖掘的精度和效率。但是 TF-IDF 也存在一些局限性，TF-IDF 仅考虑了词在文档中出现的频率（TF）以及该词在整个语料库中的出现频率（IDF），而未考虑词在文档中的位置信息以及上下文环境。因此，TF-IDF 无法准确地评估一个词对于特定文档的重要程度。此外，要计算 TF-IDF，必须针对整个语料库而非单个文档进行计算。

4.1.3　文本分类

文本分类是指将一段文本映射到预先给定的分类体系中，即利用程序自动将文本划分为某个类别。文本分类在各个领域都有广泛的使用，典型的文本分类场景包括情感分析、主题分类、意图识别、问答任务等。目前，深度学习技术已成为实现文本分类的主流。

深度学习最早由加拿大多伦多大学教授希顿（Hinton）等提出。深度学习模型的结构模拟了人类大脑神经系统的结构原理，通过多层神经元之间的信息传递，实现不同特征的提取，最终形成数据的分层特征表示。理解深度学习，可以从"深度"和"学习"两个方面着手。"学习"指的是深度学习完成任务所需的"知识或技能"并非源于人们预先编写的程序规则，而是从大量数据中自动学习获得。也就是说，深度学习获取知识的途径源于海量数据，"深度"是相对于机器学习的"浅层"。机器学习中的逻辑回归、支持向量机、最大熵方法等模型，都是基于浅层结构来处理数据的。这些模型只有 1 层或 2 层非线性特征转换层，而深度学习是一个具有多层隐层节点的神经网络。多层隐层节点的结构不仅能更好地刻画大量数据中隐含的复杂特征，而且通过逐层初始化，降低了神经元数量和训练的难度。此外，相对于浅层学习，深度学习还有一个显著优势，通过多层隐层的模型结构，再加上海量的数据，能够自动学习隐藏在数据背后的更有用的特征，无须浅层机器学习所必需的特征工程，从而能够更精准地进行预测和分类。

基于深度学习文本分类的一般流程大致为文本预处理、文本表示、基于深度学习模型的文本分类三个部分。不同领域的中文文本分类的应用和研究，其文本预处理的方法大体相同，基本包括中文分词、去停用词、规范化对象等。文本表示是将文字转换成计算机能够进行处理运算的数字或向量。深度学习中多采用词嵌入方法，如 Word2Vec、Bert 等方法将文本表示成多维的向量，用于后续的基于向量的分类。在基于深度学习文本分类的不同应用研究中，其主要的不同在于采用了不同的深度学习模型。目前，常见的深度学习文本分类模型有卷积神经网络 CNN、循环神经网络 RNN、长短时记忆网络 LSTM，双向长短时记忆网络 Bi-LSTM、Bert、基于注意力机制的双向长短时记忆网络 BiL-STM-Attention 等。

一、卷积神经网络 CNN

卷积神经网络（Convolutional Neural Networks，CNN）是一种深度学习的架构，被广泛应用在图像识别和处理等任务中。这种网络结构的特性在于其能够自动从输入数据中学习有用的特征，并且这些特征可以被重复使用于其他相关的任务中。总的来说，就是能够实现特征提取。CNN 被广泛运用于计算机视觉任务领域，如检测任务、分类和检索、超分辨率重构、医学任务、字体标志识别、人脸识别等。

典型的 CNN 模型的结构包括输入层、卷积层、池化层、全连接层和输出层。其中，卷积层是 CNN 模型的核心，主要任务是提取特征。这些卷积层具有小尺寸但可以在整个矩阵上移动的过滤器，即卷积核。卷积计算作为一种有效提取特征的方法，每一个步长下卷积核会与输入矩阵出现重合区域，重合区域对应的元素相乘、求和再加上偏置项，与权重参数进行计算后得到输出特征的一个像素点；池化用于减少卷积神经网络中的特征数据量，即压缩特征；全连接层中每个神经元与前后相邻层的每一个神经元都有连接关系，输入是特征，与一系列权重参数进行计算，输出为预测结果。其中，卷积层和池化层的连接方式通常是交替连接，即一个卷积层后连接一个池化层，池化层后再连接一个卷积层。卷积神经网络的结构如图 4.1 所示。

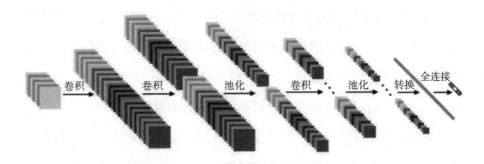

图 4.1　卷积神经网络结构图

CNN 模型运用在文本挖掘领内的基本原理：假设一个 k 维向量，首先将每个字的字向量拼接形成句向量送入神经网络；之后使用卷积核对句子进行卷积操作，形成新特征；然后设置卷积核步长，得到句子矩阵的特征集；最后对特征集做最大值池化计算，找出最大的特征值与某一特定卷积核做对应，最终得到分类结果。

卷积神经网络（CNN）在文本挖掘中的主要作用是进行特征提取和分类。它利用卷积操作，可以抽取句子中的重要特征，如词组、短语或单词等。这些特征有助于捕捉文本的语义信息，从而更好地理解文本的含义。

自从 Kim 在 2014 年提出 TextCNN 模型以来，CNN 已被广泛应用于文本分类任务。该模型通过多个卷积层和池化层的组合，能够自动从原始文本数据中学习并提取有用的特征。这些特征可以进一步用于文本分类、情感分析、命名实体识别等多种自然语言处理任务。

值得注意的是,尽管 CNN 最初是为图像分类任务设计的,但由于其出色的特征提取能力,它在文本挖掘领域也取得了显著的成果。例如,通过多层卷积层的堆叠,CNN 可以从原始文本像素这样的低级特征逐渐提取到更高级的特征,这对于理解和分析文本数据非常有帮助。

二、循环神经网络

循环神经网络(Recurrent Neural Network,RNN)是一种以序列数据为输入的人工神经网络,它在序列的演进方向上进行递归且所有节点(循环单元)按链式连接。RNN 最大的特点是网络中存在着环,使得信息能在网络中进行循环,实现对序列信息的存储和处理。

简单的深度神经网络一般只包括输入层、隐藏层和输出层,在数据输入之后通过调整输入层到隐藏层和隐藏层到输出层的权重,得到最终的输出结果。通常情况下,深度神经网络都是水平方向延伸的网络结构,比如上述的卷积神经网络 CNN,隐藏层较多,但是没有考虑单个的隐藏层在时序上的变化。循环神经网络 RNN 关注隐藏层的每个神经元在时间维度上的变化和进步。循环神经网络 RNN 的网络结构没有发生改变,但是按照时间轴 Recurrent,也就是重复,建立起时序上的关联,发生了层级拓展。但是这里的层级拓展并非神经元数量的真实增加,而是表示隐藏层在不同时刻的状态。根据研究问题的需要,隐藏层之间的连接可以是全连接式的,也可以是隐藏层自身之间的连接。在不同层级之间也就是不同时刻之间,共享一个权重矩阵,这样做的意义是可以有效减少训练所用到的参数。

对于常规的神经元模型,隐藏层的输出 $S_i = f\left[\sum_{n}^{N}(w_{in}^j x_n^i + b_n^n)\right]$,写作矩阵形式就是 $S = f(W_{in}X + b)$。对于 RNN 的输出而言,某一时刻的输出 $S_t = f(W_{in}X + W_S S_{t-1} + b)$,即对 $t-1$ 和 t 时刻产生了迭代关联

的关系，从而使神经网络具有了某种记忆的功能。RNN 就是这样一种看似是级联，但实际上却是沿着时序反复迭代的网络结构，实现了对序列数据的学习。对于图片类分类问题，输入的图片都是独立的、前后无关的，此时使用 CNN 即可解决此类问题。但是对于很多的语言类问题，文本的语境、上下文信息和语序都是十分重要的，RNN 便有了用武之地。

RNN 对时序数据的建模能力使它天生就像是一个"记账小能手"，它在处理序列数据时，具有短期记忆能力。这种天赋使它在自然语言处理领域（NLP）实现了巨大的飞跃。RNN 的训练和传统的神经网络一样，也采用误差反向传播和梯度下降来更新权重，只不过在计算隐藏层的时候要引入之前不同时刻的数据。然而，就像人的记忆一样，这种时序上的依赖不能无限延伸，在经过若干步的计算后，就失去了数据的准确性。为了解决这些问题，研究者提出了长短期记忆网络（Long Short-Term Memory networks，LSTM）和门控循环单元（Gated Recurrent Unit，GRU）等优化方法。

在应用方面，RNN 被广泛应用于语音识别、语言模型、机器翻译等自然语言处理（NLP）问题。例如，双向循环神经网络（Bidirectional RNN，Bi-RNN）就是一种常见的 RNN 结构，它可以同时考虑序列的前向和后向信息，从而更好地捕捉语义信息。总的来说，由于 RNN 及其各种变体对序列数据的处理能力，它们在文本挖掘中有着广泛的应用前景。

三、长短时记忆网络

LSTM 模型是一种特殊的循环神经网络（RNN）模型，它使用记忆单元替代隐层节点的方法来解决 RNN 的梯度消失问题，广泛应用于时序预测。和 RNN 相比，LSTM 增加了一条新的时间链 C_t 来记录长时记忆，同时增加了隐藏层 S_t 和时间链 C_t 之间的关联关系。以 S_t 时刻为例，除了输入向量 X_t 和前一时刻 S_{i-1}，还要包含当前时刻的信息 C_t。

LSTM 模型深入探究分析了 X_t 和 C_t 之间的关系，其中增添了两步更为细致的操作，即信息的删除和增加。首先，函数 f_1 根据输入向量 X_t 和前一时刻 S_{t-1} 决定要删除哪些记录，Sigmoid 函数取值在 0 到 1 之间，矩阵相乘时会抹掉取值为 0 的元素，因此函数 f_1 被称为"遗忘门"，像阀门一样过滤重要特征，忽略无关信息。函数 f_2 像铅笔一样根据输入向量 X_t 和前一时刻 S_{t-1} 决定要增加哪些记录，其中 Sigmoid 函数再次对内容进行了选择，tanh 函数的取值在 -1 到 1 之间。这一步的操作不是遗忘，而是对先前数据的梳理和归纳，因此函数 f_2 被称为"输入门"。这两步操作结合起来，用公式进行表示就是 $C_t = f_1 + C_{t-1} + f_2$，如此得到某一时刻 C_t 的值，除了可继续往下传递之外，还可用来更新当前短期记忆 S_t，最后计算输出得到预测值 y_t。同时保持短期记忆链 S_t 和长期记忆链 C_t，并且相互更新，这就是 LSTM 成功的奥秘。

图 4.2 是 LSTM 模型中的单个网络节点示意图，其中每个节点表示一个记忆单元，记忆单元包含记忆细胞（C_t）、输入门、输出门、遗忘门，用来存储历史信息，通过状态参数记录和更新历史信息。三个门结构经过 Sigmoid 函数决定信息的取舍，从而作用于记忆细胞，最后经过 tanh 函数对当前时刻的记忆细胞状态进行计算。在时刻 t，W_i、W_o、W_f、W_c 分别是输入门、输出门、遗忘门、记忆单元的权重，b_i、b_o、b_f、b_c 分别是输入门、输出门、遗忘门、记忆单元的偏置量。h_t 处于隐藏状态时，每个门会接收当前的输入向量 X_t 和上一个记忆单元输出的隐藏状态 $h_{(t-1)}$，与其权重矩阵相乘，再加上记忆单元中各自的偏置量。

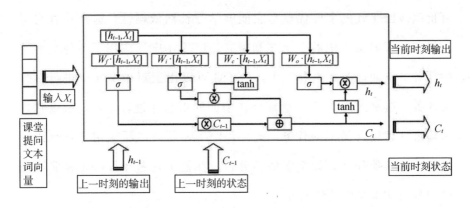

图 4.2　LSTM 模型中的单个网络节点示意图

LSTM 模型的基本原理：假设某个时间点 t，在规定的时间序列内输入一条文本，即在某个时间点 t，模型输入的是当前输入的词 X_t、上一时刻隐藏状态的输出 $h_{(t-1)}$ 和上一个记忆单元的状态 $C_{(t-1)}$，经过一系列的权重矩阵相乘，再加上记忆单元中各自的偏置量，最终模型输出的是当前记忆单元状态 C_t 和当前隐藏状态的输出 h_t。其神经单元的核心工作是通过控制记忆单元的状态对上一时间点和当前时间点的输入进行输出和遗忘，以此得出分类结果。

和 RNN 相比，LSTM 引入了更多的参数矩阵，训练起来相对麻烦一些，但是依然可以采用梯度下降方法来进行训练。由于 LSTM 深度发掘了数据时序上的长期依赖关联，又在某种程度上模拟了大脑关注重要信息、忽略无关信息的特点，这极大地拓展了人工智能的应用，影响颇广的 Google 翻译就是用到了一个 7～8 层的 LSTM 模型。在很多对话机器人、语音自动生成、音乐合成等各类应用中，LSTM 模型都扮演着重要的角色。LSTM 与卷积神经网络以及反向传播一起构成了20 多年来人工智能发展最重要的三大基石，直到今天仍在不断迭代，衍生出各种变体。

LSTM 在处理时间序列数据方面特别有效，这在文本挖掘中非常有价值。LSTM 的主要优点是它能够学习长期依赖性，这意味着它可以捕获并理解文本中的上下文和模式。LSTM 广泛应用于各种文本挖掘任务。例如，在文本分类中，LSTM 可以用于对中文文本进行多分类任务。这是因为 LSTM 能够记住前面的信息并进行学习，所以它非常适合处理这种类型的任务。此外，LSTM 还被广泛应用于自然语言处理中的其他任务，如文本情感分析。在这个任务中，LSTM 能够理解和分析文本中的情绪内容。

四、BERT

来自变换器的双向编码器模型（BERT）是由雅各布·德尔漫（Jacob Delvin）于 2018 年提出的支持多国语言的预训练模型。该模型以维基百科的庞大数据为训练语料，采用遮蔽语言模型（Mask Language Model）和预测下一句的训练方式，基于双向变换器编码器表示法尽最大可能获取左右双向上下文信息，实现语言嵌入。

BERT 包含预训练（pre-training）和精调整（fine-tuning）两个过程。在预训练阶段，BERT 模型使用大规模的无标签文本数据进行训练，以学习通用的语言表示。这个过程被称为遮蔽语言模型（Masked Language Model，MLM）和下一句预测（Next Sentence Prediction，NSP）。对于遮蔽语言模型训练，BERT 会随机地掩盖输入文本中的一些单词，并要求模型预测这些被掩盖的单词。通过这种方式，模型需要理解上下文信息来正确地预测被掩盖的单词，从而学习单词之间的关系。下一句预测是指 BERT 会输入两个句子，并要求模型预测这两个句子是否是连续的。通过这个任务，模型可以学习句子之间的关系和语义。这两个任务共同训练 BERT 模型，使其能够学习到丰富的语言表示能力。在预训练完成后，BERT 模型可以通过在特定任务上进行微调来适应具体的下游任务。在精调整阶段，使用有标签的任务特定数据集来微调预训练的 BERT 模型。首先，将预训练的 BERT 模型作为初始模型加载，并在特定任务的数据集上进行训练。然后，通过在特定任务上进行反向传播和梯度下降，调整 BERT 模型的参数。最后，根据具体任务的要求，对模型进行微调，例如文本分类、命名实体识别、问答等。通过精调整，BERT 模型可以根据不同的任务进行个性化定制，以提高模型在特定任务上的性能。

BERT 源于变换器（transformer）模型，它用一个编码-解码（encoder-deconder）结构实现了很好的翻译效果。输入一句英文，经过编码后输出上下文加权的嵌入词嵌入，相似词在这些向量中具有更接近的数字，解码获得这些嵌入词嵌入后，结合已经翻译的词生成下一个词，如此循环直到输出结尾标记。其中编码器实现了对语言语法的上下文理解，相当于在学习一个语句拆解对照表，而解码器实现了从一种语言到另一种语言的映射，相当于在训练一个语言组装对照表。这种结构启发了科学家考虑是否能将这两个分离开来独立使用。

BERT 具有很强的泛化能力，为完成自然语言理解的下游任务提供了很好的语言模型基础，大大节省了用户自己进行语言模型训练的时间和成本，降低了模型的难度。用户只需将自己特定领域语料作为 BERT 的输入向量，再结合具体任务对模型进行微调即可投入使用。如今，BERT 已成为自然语言处理中语言模型的佼佼者，越来越多的自然语言处理任务在 BERT 或其相关产品的基本上进行微调完成，均取得了较好的处理效果。但 BERT 模型中需训练的参数庞大，多达 110M，需要大量的计算资源。BERT 模型精简版（A Lite Version of BERT，ALBERT），于 2020 年被提出。ALBERT 利用跨层参数共享，矩阵分解等技术大大减少了模型参数，且性能并未降低。为此，本研究基于 ALBERT 模型实现用户评论的情感分类。

4.1.4　文本聚类

文本分类通常为监督学习，需要在训练模型之前进行人工标注，耗时耗力。文本聚类则是一种无监督学习，仅需预先设定好待划分的类别数目，通过聚类算法即可实现文本的自动分堆。常用的文本聚类算法有 K 均值（K-means）算法和隐含狄利克雷分布（Latent Dirichlet Allocation，LDA）算法。

一、K-means

K-means 是一种广泛应用的基于欧式距离的聚类算法，其基本理念是"物以类聚"。该算法于 1967 年提出，是一种无监督机器学习方法。它不需要人工标注训练集，能够根据数据样本的相似性进行聚类分析。因此，K-means 算法常被应用于信息推荐和模式识别等非结构化数据处理任务中。具体来说，该算法首先需要指定聚类的个数 K，然后从数据集中随机选取 K 个数据点作为初始质心。接着，计算每个数据点与每一个质心的距离（如欧式距离、曼哈顿距离等），数据点将根据距离最近的质心被分配到对应的簇中。

在每次迭代过程中，每个簇的质心会根据簇中现有的对象进行重新计算，这个过程会不断重复直到满足某个终止条件。终止条件可以是没有（或最小数目）对象被重新分配给不同的簇，没有（或最小数目）聚类中心再发生变化，误差平方和局部最小。

对于 K-means 算法中的 K 值，它代表的是期望得到的簇的个数，可以根据用户的需求进行确定，也可以使用某一些方法进行确定，比如肘部法则。最后，值得注意的是，K-means 是一种无监督学习算法，即在训练的过程中，并没有告诉算法某一个数据属于哪一个类别。

K-means 算法在文本挖掘领域中具有广泛的应用。文本挖掘是从大量文本数据中提取有价值的信息和模式的过程，而聚类是其中一种常用的无监督学习方法。

在文本挖掘中，K-means 算法可以用于对文本数据进行聚类分析，从而发现相似的文本组或主题。首先，需要对文本进行预处理，包括分词、去除停用词等操作，将文本转化为向量表示。然后，使用 K-means 算法将文本样本划分为不同的簇，每个簇代表一个主题或类别。通过比较不同簇内的文本特征和相似性度量指标，可以进一步分析和理解每个簇所代表的主题。

K-means 算法在文本挖掘中的应用包括但不限于以下几个方面。

（1）文本分类：可以将文本根据其内容进行自动分类，如新闻分类、垃圾邮件过滤等。

（2）情感分析：可以对文本进行情感倾向的分类，如正面、负面或中性情绪的分析。

（3）话题检测：可以从大规模文本集合中发现潜在的话题或主题，帮助用户更好地理解和组织文本数据。

（4）推荐系统：可以根据用户的偏好和兴趣将相关的文本或产品进行推荐。

（5）异常检测：可以通过聚类分析识别出与大多数文档不同的异常文档，用于网络安全等领域。

总之，K-means 算法在文本挖掘领域中的应用可以帮助我们更好地理解和利用大量的文本数据，从中提取有价值的信息和模式。

二、LDA

LDA 是目前应用较广泛的概率主题模型，是一种无监督的机器学习聚类算法，能够实现从多个文档中自动挖掘出隐含在文本中的若干个主题，并能给出每个主题对应的关键词。与文献计量分析的主题识别相比，基于 LDA 的主题识别挖掘出的每个主题下的关键词语义关联性更强，主题更明确、清晰、全面。LDA 基于这样的假设，即每个文档包含若干个主题，每个主题由若干单词构成。LDA 最终要生成文档，因此要先根据主题分布抽取主题，再生成主题下的单词。文档 d 产生主题分布 θ 的概率 α，以及主题产生单词分布 φ 的概率 β，服从狄利克雷分布；主题分布和单词分布为多项式分布。LDA 生成最后结果的过程是，根据先验狄利克雷分布参数 α 产生主题分布 θ，再按照多项式分布产生某个主题 Z；以狄利克雷分布产生单词分布 φ，再根据单词多项式分布，以及主题产出主题下的单词 W。在设定先验狄利克雷分布参数 α 和 β 的情况下，生成的主题及对应单词的概率如下公式所示。

$$P(W,Z,\theta,\varphi;\alpha,\beta) = \prod_{j=1}^{M} P(\theta_j;\alpha) \prod_{i=1}^{K} P(\varphi_i;\beta) \prod_{t=1}^{N} P(Z_{j,t} \mid \theta_j) P(W_{j,t} \mid \varphi z_{j,t})$$

其中，W 为单词，Z 为主题，θ 为主题分布，φ 为单词分布，α 为主题分布的先验狄利克雷分布参数，β 为单词分布的先验狄利克雷分布参数，M 为文档数量，K 为主题个数，N 为单词数量，θ_j 为第 j 个文档的主题分布，φ_i 为第 i 个主题的单词分布；$Z_{j,t}$ 为第 j 个文档第 t 个单词被赋予的主题，$W_{j,t}$ 为第 j 个文档的第 t 个单词。在这些参数中，α 和 β 是手工设定的超参数，θ 和 φ 为模型参数，$Z_{j,t}$ 和 $W_{j,t}$ 为隐含变量。LDA 使用吉布斯采样（Gibbs Sampling）进行参数估计。

LDA 为非监督学习算法，需要事先人为设定生成的主题数。通常，采用一致性和困惑度两个参数共同确定最终的主题数。

4.1.5 社会网络分析

社会网络分析法（Social Network Analysis，SNA）是基于图论原

理发展而来的一种实证分析方法，约翰·斯科特教授是该方法的提出者。它也被称为结构分析法（Structural Analysis），旨在研究社会网络中的关系结构和属性，以行动者及其相互关系为研究对象，分析关系网络的结构以及行动者和整个群体的影响。该方法的意义体现在对各种关系实现精确的量化分析，以计算和可视化的方式分析主体之间的联系和属性，并测量网络的特征和有效性，目前常见的社会网络分析工具包括 Ucinet、Net Miner、Pajek、Gephi 等，这些工具为构建理论和实证命题的检验提供了支持。

社会网络分析通常涵盖两个主要方面的研究内容，一方面通过研究整体网络密度、网络效率和网络关联度等来探究整体网络结构的特征，另一方面则是通过度数中心度、接近中心度和中介中心度等来研究个体在网络中的位置和影响力。

一、整体网络特征

网络密度是衡量网络中不同节点间联系的紧密程度。其值越大，表示网络中各个节点的关联越紧密。假设连接边数为 P，节点数为 Q，最大连接边数即为 $Q（Q-1）$，网络密度的计算公式为：

$$D_n = P/[Q（Q-1）]$$

网络关联度衡量网络中节点之间的联络程度，用于反映整个网络的稳定性和脆弱性。两点之间的途径越多，点的关联度越高。若任意两点之间具有关联连接，则该网络的稳定性很好；如果两点之间需通过某个中介节点"搭建桥梁"，则该网络对中介节点的依赖性较大，显示为脆弱性。假设 C 为关联度，P 为网络中不可达的节点对数，N 为节点数，网络关联度可以表达为：

$$C = 1 - P/[N（N-1）/2]$$

网络效率是指已明确知道网络中包含的节点数量一定时，衡量网络中冗余关系程度的指标。假设网络中存在冗余的关联关系为 L，最大可能性存在冗余关联关系为 $\max(L)$，则网络效率可以表达为：

$$E = 1 - L/\max(L)$$

二、个体网络特征

为正确说明网络结构中各个节点在社交网络中的地位优势与差异性，费里曼对中心度的概念进行了进一步分类，包括度数中心度、接近中心度和中介中心度。

度数中心度衡量的是某个节点与其他节点之间的直接连接数量。其值越大，则说明其与网络中其他节点直接交往的能力越强。假设网络中与某节点直接关联数为 S，网络中最大可能关联数为 W，则相对度数中心度的计算公式为：

$$C = S/(W-1)$$

接近中心度衡量的是一个节点与其所处网络的其他节点的最短路径之和。越处于核心位置的节点，对其他节点的依赖性越小。假设 d_{ij} 为节点 i 和节点 j 之间所包含的关联关系数，接近中心度的计算公式可以表示为：

$$CC_i = \sum_{j=1, i \neq j}^{n} d_{ij}$$

中介中心度表示某个节点在多大程度上控制其他点对关系的能力，中介中心度越大，该节点越接近网络的核心位置。假设 j 和 k 之间的捷径数为 g_{jk}，第三个节点处于 j 和 k 之间捷径上的概率用 $b_{jk}(i)$ 来表示，$b_{jk}(i) = g_{jk}(i)/g_{jk}$，中介中心度的计算公式为：

$$BC_i = \frac{2\sum_{j}^{n}\sum_{k}^{n} b_{jk}(i)}{n^2 - 3n + 2} \qquad (j \neq k \neq i, \text{并且 } j < k)$$

4.2　教育文本挖掘相关研究

教育领域存在大量的文本数据，如国家发布的系列教育政策文件、教育领域的论文、研究报告、教师的电子教案、学生的作业、试卷、笔记、线上学习平台中教师或学生发布的博客和用户评论等。这些教育文本中蕴含了大量有价值的教育信息。对教育文本数据进行挖掘，可获得隐藏在文本之后的教育教学规律和学生的认知规律等，为教育教学更好地发展提供有益参考。

目前，基于深度学习的文本分类技术已开始应用于教育领域，并取得了一定的研究成果。例如，冯翔等为自动识别在线学习过程中学生的学业情绪，构建了基于 LSTM 模型的学业情绪预测系统，在该系统中将学业情绪分为积极高唤醒、积极低唤醒、消极高唤醒、消极低唤醒四类，通过爬虫程序获取 10 万余条在线学习中学生的反馈文本数据，利用 LSTM 模型实现学习者学业情感的识别与分类，模型预测的准确率达到 89%。甄园宜等人基于 CNN、LSTM、Bi-LSTM 模型，对学生在线协作学习过程中的交互文本进行分类，通过交互文本类别的自动识别实现在线协作学习的实时监测和干预，将交互文本分为知识语义类、调节类、情感类、问题类和无关信息类五类，收集了 16047 条学生交互文本数据。实验结果表明，相对于 CNN、LSTM 模型，Bi-LSTM 具有更高的准确率（77.42%）。罗枭应用 Bi-LSTM 结合 CNN 实现了试卷主观题的自动评分，采用的方法是将之前主观题的连续评分（如满分 6 分）改为分成 3 个分数段，相当于将主观题分为 3 类（0～1 分为第 1 类，2～4 分为第 2 类，5～6 分为第 3 类），这样就将主观题的评分转换成文本分类问题，在 SST-2 数据集上其准确率为 89.7%。

张新香等基于灰色关联分析法，对中国大学慕课评论文本进行分析，从评论中挖掘出影响慕课质量的五大要素。Li 等对慕课中的用户评论进行情感分析，再通过构建的慕课本体，探究成为热门慕课的影响因素。Wang 等利用情感词典，对慕课中的教学设计质量与用户评论情感的关联性进行了分析，研究发现用户评论情感与慕课等级不相关，但与慕课教学设计质量相关。刘三女牙利用 LDA 模型对慕课中课程完成者与未完成者发表评论的主题进行了特征分析，以此发现两类慕课学习者的区别。刘清堂基于慕课平台学生的评论文本数据，对每条评论进行依存句法分析，再利用 TF-IDF 进行词语重要性排序，以此分析慕课课程质量影响因素，然后通过情感分析和 KANO 模型，确定慕课课程质量影响因素。

由此可见，用户评论文本中包含了大量有价值的教育信息。从已有的研究成果来看，对大规模用户评论进行的情感分析，多采用机器学习或深度学习方法，特别是基于深度学习模型的用户情感分析，已取得了较高的准确率。因此，可将基于深度学习的用户评论情感分析方法应用于大规模用户评论情感分析，得出的结论可用于指导实践。

4.3 教育 App 用户评论文本挖掘研究思路

本研究以我国应用商店中与早教、K12 教育和高等教育相关的教育 App 的用户评论文本为研究对象，通过对用户评论进行文本挖掘，探讨当前我国教育 App 的整体发展现状。可先获取用户评论文本，通过社会网络分析，挖掘用户对教育 App 的关注焦点，再基于 BERT 进行情感分析，对用户评论文本进行情感分类，将用户评论分为积极评论、中性评论和消极评论，在此基础上分别对积极评论和消极评论进行主题提取，以进一步探究用户对教育 App 在哪些方面比较满意，在哪些方面体验较差。具体的分析过程如图 4.3 所示。

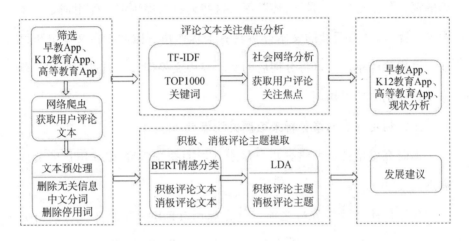

图 4.3　分析过程流程图

一、用户评论数据获取

应用 Python 网络爬虫程序，首先获取我国某应用市场上 4968 个教育 App 的应用简介，根据应用简介中用户人群介绍，共获得早教 App 1120 个、K12 教育 App 798 个、高等教育 App 1056 个，进而获取早教 App 用户评论 16894 条，K12 教育 App 用户评论 25386 条，高等教育 App 用户评论 25412 条。

二、数据预处理

在进行文本分析之前，先进行数据预处理，为进一步的文本分类做准备。中文用户评论文本的数据预处理需完成三个任务：①删除无关信息；②中文分词；③删除停用词。

在评论文本中，有些评论包含了表情符号，在预处理中统一去除了无关的表情符号。由于中文在表述时除了使用标点符号进行分割之外，词语之间是没有分割的，因此，在进行文本分析之前，进行中文分词是必需的步骤。通过分词，可将原本连续的文字以词为单位进行分割。此外，在人们日常语言表达中，包括了很多无实际意义、出现次数非常频繁的词，如"也""于是""还"等。这些词称为停用词。停用词是文本中的"噪音"，对后续的文本分析具有干扰作用。因此，在文本分析之前，需删除停用词。可将分词后的文本与中文停用词词典进行匹配，删除用户评论中的停用词。

三、利用社会网络分析来挖掘关注焦点

本研究应用社会网络分析，从宏观层面挖掘教育 App 用户的关注焦点。

在进行社会网络分析之前，首先利用 TF-IDF 算法计算各词语的 TF-IDF 值，据此排序，得到各词语的权重，将排序在前 1000 的词语作为社会网络分析的语料。在进行社会网络分析前，删除与评论无关的词语，合并同义词（如习题、解题、做题、试题、模拟题、练习题、复习题、题目等），再构建词语的共词矩阵。借助社会网络分析软件 Ucinet 进行社会网络分析，运用 NetDraw 生成可视化的教育 App 用户评论焦点网络结构图。为更清晰呈现用户关注焦点，本研究去除了表示情感的词语（如"不错""很棒""太烂了"），以及无具体评论指向的词语（如"App""软件"等）。

四、基于 BERT 的情感分类

将用户评论的情感极性分为积极、中性、消极三类。积极情感表示用户评论文本表达了用户满意、赞扬的情绪与态度。例如："挺好的，增加了小朋友的口语练习。""不错，太棒了！重点是能跟读，可以纠

音，互动学习效果好。"消极情感表达了用户对教育 App 的批评、否定、不认可的情绪与态度。例如："录音时会提前结束，特讨人嫌！""才用了一天，第二天就卡死！气死人！"中性情感是指文本中既没有积极的情感表达，也未流露出消极否定的态度。例如："你原来词表里的单词 list 怎么没有了？""有人知道地理和历史在哪找吗？""怎么加不了六级词汇啊？"……

本研究基于 ALBERT 模型实现用户评论的情感分类。ALBERT 模型包括 input 层、模型训练层、lambda 层、全连接层，模型的基础参数为 batch_size＝16，maxlen＝256，epoch＝10。部分超参数为："hidden_act"："gelu"，"hidden_dropout_prob"：0.0，"hidden_size"：768，"embedding_size"：128。结合教育 App 的具体评论文本语料内容，设置好训练集和测试集，对模型进行三次微调，每次微调时，均增加语料数量，以提高模型的泛化性，使模型更加适合教育 App 评论文本语料任务。

本研究利用 ALBERT 对爬取的教育 App 用户评论进行情感分析，对模型进行三次微调后，模型评估的准确率由 84.43％提升至 90.11％。

五、应用 LDA 实现主题提取

对用户评论进行情感分析后，由于本研究旨在挖掘用户对教育 App 满意与不满意之处，因此，利用主题提取模型 LDA，分别对积极评论和消极评论进行聚类，从宏观层面提取积极评论和消极评论中用户关注的主题。

LDA 为非监督学习算法，需要事先人为设定生成的主题数，通常采用一致性和困惑度两个参数共同确定最终的主题数。图 4.4 是积极评论中一致性和困惑度与主题数的关系图。最终本研究确定早教 App 积极评论的主题数为 5，消极评论的主题数为 5；K12App 积极评论的主题数为 5，消极评论的主题数为 5；高等教育 App 积极评论的主题数为 7，消极评论的主题数为 7。

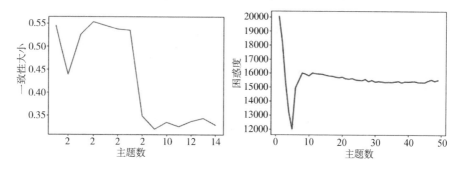

图 4.4　积极评论中 LDA 的主题数、一致性、困惑度关系图

4.4　教育 App 用户评论文本挖掘研究结果

4.4.1　早教 App 用户评论文本挖掘结果

一、文本挖掘结果

（一）用户关注点

对早教 App 用户评论进行社会网络分析，特征词 Top50 的可视化结果如图 4.5 所示。社会网络分析生成的网络密度为 0.1907，节点间的标准偏差为 0.393，点度中心性为 0.7088，说明用户对早教 App 的关注点较分散，涉及了早教 App 的方方面面。

从社会网络分析的结果可以看出，用户评论关注焦点集中在早教 App 内容、呈现方式、性能，以及付费等方面。在早教 App 内容方面，"英语"的点度中心度最高，为 601，其次为"识字"（345），其他与内容相关的词语，包括"知识"（285）、"数学"（277）、"启蒙"（233）等都排名靠前，说明家长在应用早教 App 时，主要希望儿童进行一些学科知识上的学习，特别是英语的学习。

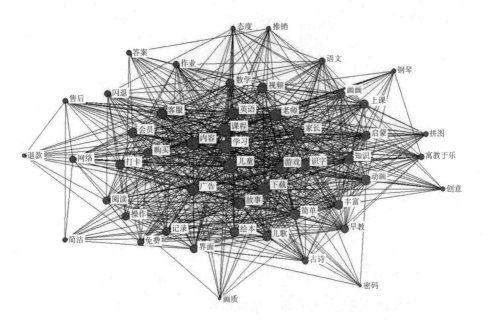

图 4.5　早教 App 用户评论社会网络分析可视化图

在点度中心度较高的特征词中，"游戏"（1022）、"课程"（703）、"故事"（431）、"绘本"（244），这些词与早教 App 中内容的呈现形式有关，说明家长关注早教 App 中内容是如何呈现的，呈现的形式是否合理，是否"寓教于乐"（82），同时关注的还有早教 App 的内容是否"丰富"（269），"界面"（95）是否"简洁"（30），是否方便儿童"操作"（108）。"下载"（711）、"闪退"（115）、"网络"（78）这些词属于早教 App 的性能方面，受到用户的广泛关注。此外，"购买"（276）、"客服"（211）、"会员"（170）、"免费"（107）、"售后"（38）等也是用户关注的焦点。

（二）情感分析结果

利用 ALBERT 进行情感分析，得出早教 App 的用户评论中积极评论占总评论数的 56.68%，中性评论占总评论数的 17.65%，消极评论占总评论数的 25.67%。各类别的分布情况如图 4.6 所示。

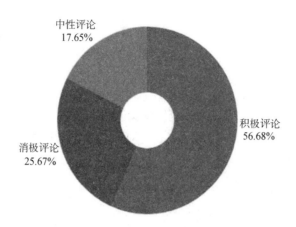

图 4.6　早教 App 用户评论情感分析结果

（三）LDA 主题提取结果

对积极评论进行主题提取，结果如表 4.1 所示。

表 4.1　积极评论主题提取结果

主题 1		主题 2		主题 3		主题 4		主题 5	
特征词	概率	特征词	概率	特征词	概率	特征词	概率	特征词	概率
不错	0.4	广告	0.13	学生	0.17	学生	0.12	游戏	0.18
学生	0.12	建议	0.018	老师	0.038	故事	0.079	人物	0.015
早教	0.016	免费	0.013	课程	0.031	免费	0.017	画风	0.015
识字	0.015	视频	0.0081	英语	0.029	儿歌	0.015	整理	0.01
内容	0.0086	时间	0.008	识字	0.018	绘本	0.012	关卡	0.0052
界面	0.0085	花钱	0.0075	数学	0.018	资源	0.0093	用心	0.0038
启蒙	0.0056	问题	0.0055	拼音	0.015	动画	0.0088	审美	0.0038
画画	0.0051	体验	0.0052	效果	0.0059	记录	0.0057	剧情	0.0038
功能	0.0044	整体	0.0034	作业	0.0042	音乐	0.0047	设计	0.0037
动画	0.0033	画面	0.0031	小学	0.0036	习惯	0.0043	颜色	0.0034

由表 4.1 可以看出，积极评论的话题主要聚焦在以下五个方面。

主题 1：用户在使用早教 App 后，对其总体比较满意，认为早教

App 内容丰富，界面设计简洁，功能齐全，内容的呈现方式合理。该主题的评论示例："非常好的幼儿软件，对儿童早教有很大帮助。""故事情节很吸引人，女儿很喜欢，很棒。"

主题 2：用户认为在 App 中广告虽然有些多，但不影响使用，并且，通过观看广告解锁付费内容的方式十分便利，可以不用花钱充值会员，是一种很好的体验。该主题的评论示例："广告有点儿多，但都可以直接关闭，总体来说还不错。""虽然广告有点儿多，但是看看广告，我也下载了不少好东西。"

主题 3：早教 App 在数学、识字、拼音、英语等方面对儿童的思维启蒙、学习兴趣培养、学习能力提升等方面有所帮助，家长对其效果表示满意。该主题的评论示例："在家就能让宝宝学习到专业全面的幼儿数学思维知识，性价比很高。""内容丰富，玩游戏识字学拼音，孩子超级感兴趣。"

主题 4：除了主科知识的学习，早教 App 还包括画画、钢琴、习惯养成等方面的内容，能帮助儿童培养艺术兴趣、挖掘艺术天赋、养成良好的生活习惯，家长也对其表示满意。该主题的评论示例："这款画画软件真不错，里面有绘画、涂鸦等功能，不但可以让孩子学习画画，还可以锻炼孩子的想象力。""很棒，小孩用了这个软件画画，有了很大的进步。"

主题 5：早教 App 主要以游戏的方式呈现学习内容，让儿童在玩中学，用户对游戏的画风、设计的剧情、关卡的划分感到满意，认为其将知识很好地融入游戏当中，让儿童能轻松学到知识。该主题的评论示例："很喜欢，各种小游戏都有启发性和教学性，设置合理。""数学思维游戏都是根据不同的知识点来设计，基本都不重复。"

消极评论的 LDA 提取结果如表 4.2 所示。

表 4.2　消极评论主题提取结果

主题 1		主题 2		主题 3		主题 4		主题 5	
特征词	概率	特征词	概率	特征词	概率	特征词	概率	特征词	概率
老师	0.042	客服	0.066	闪退	0.063	游戏	0.064	广告	0.33
课程	0.032	会员	0.038	网络	0.023	建议	0.021	自动	0.014
故事	0.027	电话	0.02	无法	0.014	缺点	0.012	界面	0.0098
家长	0.02	骗子	0.014	黑屏	0.011	找不到	0.0085	差劲	0.0087
发音	0.014	问题	0.013	卡顿	0.0099	功能	0.0079	弹出来	0.0084
作业	0.01	售后	0.013	权限	0.0088	人物	0.0072	体验感	0.0048
辅导	0.0087	找不到	0.01	错误	0.0078	作品	0.006	心情	0.0031
浪费	0.0073	信息	0.0099	验证码	0.0078	评分	0.0059	无法	0.0028
没意思	0.0056	态度	0.0084	重新安装	0.0074	挑战	0.0049	手动	0.0027
外教	0.0051	圈钱	0.0054	新版本	0.0058	生气	0.0048	影响	0.0025

由表 4.2 可以看出，消极评论的话题主要聚焦在以下五个方面。

主题 1：一些家长反映，在上课的过程中老师发音不准、布置作业太难、讲课没意思等问题，还有家长反映老师态度不好，甚至有 App 打着外教上课的幌子欺骗家长。该主题下的评论示例有："老师资质太差，而且超级不负责任。""说好的外教呢？前几课有外教，后来变成了狐狸长颈鹿。外教呢？外教呢？"

主题 2：用户对早教 App 的客服很不满意，客服态度很差或者经常联系不到客服，并且 App 会泄露用户的个人信息，导致不断有骚扰电话打进来。还有用户反映需要不断开通各种会员才可以正常学习。该主题下的评论示例有："想买产品介绍不详细，客服都找不到。""千万不要下载，买了一个套餐之后，一直收到骚扰电话，个人信息暴露。"

主题 3：用户对早教 App 的可靠性方面也不满意，使用过程中会有闪退、黑屏、卡顿、连接不上网络等问题的出现，有的重新安装之后还是不好用，还有收不到验证码的问题。该主题下的评论示例有："闪退失灵，无奈黑屏。关机重启，还是不行。""今天突然加载不出来，卸载了又重新安装，现在登录都不行。"

主题 4：早教 App 主要采用游戏的形式来帮助儿童学习，但一些用户反映这些游戏缺乏提示，功能有限，任务数量也不足，无法满足儿童的好奇心，同时儿童也不清楚如何正确使用。该主题下的评论示例有："没有新增功能！！如何造房子？如何造人物？里面都没有！""太死板了，不一定非要穿对了衣服才行吧，还有头发，建议弄一个染发的功能。"

主题 5：用户对早教 App 的广告很不满意，手机界面经常会有广告自动弹出来，并且无法手动关掉，严重影响了用户的体验感。该主题下的评论示例有："广告非常非常多，一不留神就点到了，孩子根本没法玩。""总是弹出广告，一不小心就会下载。"

二、文本挖掘结论

（一）感官维度

由于使用早教 App 的大多是儿童，因此提供良好的用户体验和方便的学习环境是十分重要的。2～6 岁的儿童正处于对外界的美感开始产生兴趣的阶段，明亮的颜色、简单的形状通常会对他们产生强烈的吸引力，因此要设计一个清晰、简洁、直观的用户界面，采用合适的配色方案和可视化元素，使界面整体感觉舒适和美观。同时，要注意布局的合理性，避免信息过载，确保儿童能够轻松找到他们所需的内容和功能。还要注意操作方式的设计，研究表明，学龄前儿童具备使用触摸屏界面的基本技能，如滑动、轻击、触摸等，但更多的精细动作能力还没有完善，所以应设计简单、直观的操作方式，降低学习者的学习曲线，使他们能够更轻松、高效地进行学习。另外，应减少广告的干扰。在儿童的早期阶段，尤其是 3 岁到 5 岁之间，他们的好奇心达到了高峰，在这个年龄段，儿童开始对周围世界产生浓厚的兴趣，好奇心促使他们积极探索和发现，因此广告的设计和布局应经过仔细设计，避免儿童误触，让儿童能轻松关闭广告，避免对儿童的学习和体验造成过多干扰。

（二）服务维度

早教 App 作为教育辅助工具，其使用者虽然以儿童为主，但由于儿童缺乏自主判断能力，App 的选择与下载还是由家长来决定，因此，除了产品质量和功能外，家长提出的问题是否能得到及时解决也至关重要。开发商应建立快速响应机制，组建高效的客户服务团队，在固定时间段提供在线服务，及时回应用户的问题和反馈，提供专业的解决方案，确保用户的疑虑和困扰得到迅速解决。其次，要加强售后服务的监控和反馈机制，对用户在购买课程后出现的问题也要及时解决。最后，建立用户反馈渠道，收集用户意见和建议，持续改进产品和服务。定期进行用户满意度调研，了解用户需求的变化，并根据反馈结果进行优化和调整，通过提高售后服务质量来满足用户需求，提高用户体验，建立稳固的用户关系。

（三）技术维度

从技术角度来看，早教 App 存在的问题主要体现在用户的负面评价中，如"卡顿""闪退""没反应""登录不进去"等。这说明 App 在运行稳定性和使用流畅性方面，仍有较大的改进空间。为了解决这些问题，早教 App 在开发过程中应采用先进的技术架构，减少系统对网络配置、物理环境和设备性能的依赖性，提高 App 的易用性和可用性，使用户能够享受更流畅的界面浏览和使用体验。此外，还应根据用户需求的动态变化及时优化移动网络环境配置，通过技术升级不断改善产品性能，并做好 App 的日常运维和信息安全保护，以提高用户对 App 的信任度。

（四）内容维度

早教 App 中，提高内容质量、内容丰富度和内容呈现方式是不可忽视的重要方面。App 不仅要给用户提供好的学习体验和教育资源，也要提供丰富多样的内容形式。3～5 岁儿童的注意力仍然容易受到外界干扰，因此，要以图片、动画、视频、游戏等生动有趣的形式呈现教育内容，这样更能吸引儿童的注意，同时，在内容中增加与儿童的互动能帮助孩子们更好地理解和吸收知识。其次，内容的难度和递进性应该符合儿童的认知发展规律，提供的内容要能够满足不同年龄段孩子的需求。还要注重内容的更新和扩充，及时更新新知识和教育资源，跟进教学最新发展趋势，不断扩充内容领域，包括但不限于语言、数学、科学、艺术等，以满足孩子们的全面学习需求。通过提高早教 App 中的内容质量和内容丰富度，为儿童提供更准确、全面和有趣的学习内容，帮助他们建立坚实的知识基础和学习兴趣。

4.4.2 K12 教育 App 用户评论文本挖掘结果及分析

一、文本挖掘结果

（一）用户关注点

对 K12 教育 App 用户评论进行社会网络分析，特征词 Top50 的可视化结果如图 4.7 所示。社会网络分析生成的网络密度为 0.1479，节点间关系的标准偏差为 0.355，点度中心势为 0.7144，说明用户对 K12 教育 App 的关注点较分散，涉及了 K12 教育 App 的方方面面。此外，当前我国 K12 教育 App 种类繁杂，这也造成了整体网络密度较低。

从社会网络分析的结果可以看出，用户评论关注焦点集中在教育 App 内容、应用情境、性能，以及付费等方面。教育 App 内容方面，

"英语"的点度中心度最高，为 663，其次为"单词"（662），以及与英语学习相关的词语，例如"发音"（381）、"翻译"（342）、"听力"（334）等均具有较高的点度中心度。排名较靠前的学科内容还包括："数学"（414）、"阅读"（386）、"语文"（339）、"物理"（256），说明我国 K12学生应用教育 App 主要进行英语、数学、语文、物理学科的学习，而英语的学习占比最多。

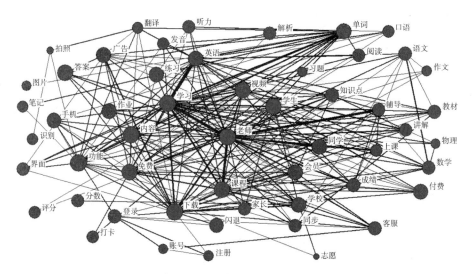

图 4.7　K12 教育 App 用户评论社会网络分析可视化图

在点度中心度较高的特征词中，"学习"（860）、"作业"（462）、"辅导"（446）、"复习"（412），这些词与 K12 教育 App 的应用情境有关，说明学生关注 K12 教育 App 是否有助于学习、复习、作业的完成，辅导效果如何，是否能够在 App 中获取"答案"（385），是否有助于"成绩"（447）的提高和"知识点"（435）的掌握，以及对高考报志愿的支持。"更新"（555）、"闪退"（302）、"登录"（365）这些词属于K12 教育 App 的性能方面，受到了用户的广泛关注。此外，"广告"（510）、"会员"（505）、"客服"（504）、"付费"（341）同样是用户关注的焦点。

（二）情感分析结果

利用 ALBERT 进行情感分析，得出 K12 教育 App 的用户评论中积极评论占总评论数的 51.15%，中性评论数占 15.03%，消极评论数占34.82%。各类别的分布情况如图 4.8 所示。

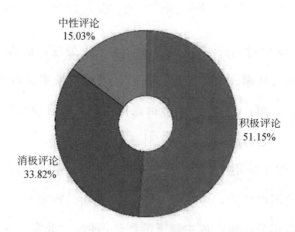

图 4.8　K12 教育 App 用户评论情感分析结果

（三）LDA 主题提取结果

对积极评论进行主题提取，结果如表 4.3 所示。

表 4.3　积极评论主题提取结果

主题 1		主题 2		主题 3		主题 4		主题 5	
特征词	概率	特征词	概率	特征词	概率	特征词	概率	特征词	概率
学生	0.12	老师	0.19	功能	0.031	单词	0.18	习题	0.093
英语	0.11	辅导	0.04	手机	0.026	记忆	0.028	视频	0.025
数学	0.026	上课	0.029	界面	0.024	听力	0.021	答案	0.024
内容	0.021	生动	0.0053	客服	0.02	发音	0.017	作业	0.02
课程	0.019	通俗易懂	0.005	付费	0.021	例句	0.0099	解析	0.018
成绩	0.018	方法	0.0047	诗词	0.011	句子	0.0098	考试	0.018
外教	0.017	教学	0.0045	国学	0.0085	方法	0.009	作文	0.015
语文	0.016	考试	0.0045	评论	0.0084	标准	0.0074	总结	0.012
阅读	0.015	细心	0.0041	字典	0.0066	文章	0.0066	重点	0.011
家长	0.011	风趣	0.0041	古诗	0.0061	读音	0.0063	试卷	0.01

由表 4.3 可以看出，积极评论的话题主要聚焦在以下五个方面。

主题 1：教育 App 在英语、数学、语文等方面对学生的课程学习、成绩、能力提高有帮助，家长对应用效果比较满意。该主题的评论示例："用了两三年了，孩子对英语很有兴趣了。""不错啊！语文成绩提的很快哦。"

主题 2：学生对 App 中教师的教学水平很关注，认为 App 中教师讲课生动、通俗易懂、风趣幽默、细心，为用户带来良好的用户体验，该主题的评论示例："里面的老师讲课挺精彩，而且还挺仔细，让人很容易就明白。""老师讲得特别好，对孩子非常有用。"

主题 3：学生应用 K12 教育 App 进行国学、古诗词方面的学习并得到了较好的用户体验，对 App 的功能、界面、客服等方面比较满意，愿意付费获取相关资源。该主题下的评论示例："非常适合学习，打开软件里面很干净，也没有什么多余的东西，全是古诗词，画面也很优质。""非常不错，画风特别符合我的胃口，让我积累了许多诗句，感觉非常棒，建议下载。"

主题 4：学生使用 K12 教育 App 进行英语方面的学习，包括记忆单词、练习听力、发音等，取得了较好的学习效果。该主题下的评论示例："有各种的听力模式，很有针对性。""特色就是它有单词笔记，可以看到其他人对该单词的拓展。"

主题 5：学生应用 K12 教育 App 帮助完成习题、作业和作文等，App 中的习题、知识重点、总结的视频讲解和答案、解析、作文等都对学生学习起到了较大的帮助。该主题下的评论示例："绝了，不错！超好用，有三个模式帮助你复习巩固，解析也很清晰明了，太用心了吧。""一次函数这里一直不会，看了一遍视频后，立即就懂了。"

对消极评论进行主题提取，结果如表 4.4 所示。

表 4.4 消极评论主题提取结果

主题 1		主题 2		主题 3		主题 4		主题 5	
特征词	概率	特征词	概率	特征词	概率	特征词	概率	特征词	概率
英语	0.036	会员	0.084	功能	0.034	客服	0.041	手机	0.084
老师	0.036	广告	0.055	界面	0.025	打电话	0.031	闪退	0.034
作业	0.032	付费	0.054	麻烦	0.013	信息	0.012	无法	0.03
成绩	0.026	视频	0.039	笔记	0.013	态度	0.011	网络	0.029
学校	0.023	免费	0.027	设置	0.011	用户	0.01	密码	0.029
习题	0.022	课程	0.022	缺点	0.011	一节课	0.0089	账号	0.025
数学	0.022	花钱	0.0086	模式	0.0083	平台	0.0086	验证码	0.021
语文	0.019	骗钱	0.008	内容	0.0082	服务	0.0083	平板	0.012
教材	0.015	分数	0.0072	图片	0.0082	班主任	0.008	卡顿	0.012
考试	0.014	交钱	0.0065	自动	0.0075	联系	0.0077	优化	0.0092

通过 LDA 对消极评论中主题的提取，可知当前用户对 K12 教育 App 的不满主要集中在以下五个方面。

主题 1：K12 教育 App 内容。这主要体现在应用部分 App 辅助完成学校的各科作业，或进行在线考试时用户体验较差，存在于教材、课本不匹配或资源不全，习题、作业的辅导不能满足学生的需求。该主题下的评论示例："本来我的作业都是完成了的，但是更新之后却显示全都没有完成，真的是不知道怎么回事。""许多题都与教学不一样，还有的做对了的，它判错，气死人。""人教版的版本根本对不上。"

主题 2：App 中广告、会员付费。这表现为用户对部分 App 中的会员、收费问题不满，特别是有些 App 广告太多，干扰学习，付费后得到的资源与预期不符合。该主题下的评论示例："全是广告，烦死了。""不是说 VIP 视频免费看吗？直接连视频都没了。"

主题 3：App 的设计。App 的实际功能没有达到用户预期，或 App 的界面、设置等方面设计不合理，给用户使用造成了麻烦，影响了用户体验，如"App 更新得很慢，妨碍到了我用笔记。""怎么没有模式切换选项。""答案习题和题目排版太烂了，看着非常麻烦。"

主题 4：App 中个人隐私泄露。当前我国 K12 教育 App 存在个人信息泄露问题。客服在获取用户个人信息后，就开始打电话骚扰。通常是免费体验一节课，之后开始不停骚扰，给学生和家长造成了较大的困扰。此外，客服的态度、平台提供的服务，也很令人失望。对应的评论示例有："这也太那啥了吧，报了一次课程，一直打电话骚扰。""差评，下载后经常打电话来，喊买课程！烦死了。"

主题 5：App 性能。部分 App 的性能较差，使用过程中存在闪退、账号密码或验证码错误、无法登录网络或网络卡顿、系统稳定性差等问题。例如："太卡了！旧版本都没这么卡！新的模式一直都在准备中，卡得要命。""什么破玩意，一直转圈打不开。""发现一个问题，关掉屏幕后再打开，App 会自动退出。""无法登录是什么情况。"

二、文本挖掘结论

根据对我国 K12 教育 App 的用户评论进行社会网络分析、情感分析，以及主题提取，可以得出以下结论。

（一）我国 K12 教育 App 基本能满足用户需求，半数以上用户获得了较好的用户体验

从情感分析结果来看，有 51.15％的用户评论属于积极评论，中性评论占比为 15.03％。由此可见，我国大部分 K12 教育 App 得到了用户的认可，多数用户能够从 K12 教育 App 中获得学习上的帮助和支持，具有较好的使用体验。这说明在数字化转型时期，K12 教育 App 在"推进教育数字化，建设全民终身学习的学习型社会、学习型大国"，构建"人人皆学、处处能学、时时可学"的学习型社会中发挥了积极促进作用。

（二）教育 App 已成为 K12 学习者非正式学习的重要学习资源，但质量参差不齐，广告、个人信息安全与隐私泄露问题尤为突出

由社会网络分析的计算结果可知，点度中心度 Top50 的特征词中包含有"英语""学校""作业""辅导""知识点"等。其值分别为663、543、462、446、435。积极评论的主题 1 也反映出当前我国大量的 K12 学习者根据个人需求应用相关教育 App 进行课程学习、辅助完成习题、作业，补充课堂上的知识点。可见，基于 K12 教育 App 的非正式学习，与学校课堂上的正式学习相结合，构成了完整的学习活动闭环，满足了学生的个性化学习需求，弥补了正式学习的不足，拓宽了学生的学习途径。

根据用户评论的情感分析结果，消极评论占整体用户评论的三分之一左右。用户不满主要集中于部分 App 的设计、内容、性能、广告与会员付费、个人隐私泄露五个方面。这说明在数字化教育转型初期，作为最主要的数字学习资源之一，仍有相当多的 K12 教育 App 不能满足用户的使用需求，不符合用户的预期，质量有待进一步提升。此外，从社会网络分析的点度中心度，以及消极评论的主题提取结果中可知，当前我国部分 K12 教育 App 中的广告、收费，以及个人信息泄露问题，是用户评论关注的焦点之一。K12 教育 App 中过多的广告嵌入、不合理收费，以及电话骚扰等问题给用户使用 App 造成了较大困扰，影响了使用体验。

（三）英语学习相关 App 占有较大比例，整体学科发展不均衡

社会网络分析的结果表明，在所有特征词中，"英语""单词"的点度中心度、中间中心度和接近中心度均位列前 10，且远高于"数学""语文""物理"等学科，数学、语文、物理的点度中心度分别为 50、83、148。此外，在积极评论的主题提取结果中，主题 4 是关于用户对

英语学习方面的评论，消极评论中第一个主题的第一个特征词即为"英语"。这个结果一方面说明我国 K12 学生使用 App 进行英语学习很广泛，英语学习备受关注，App 在英语学习中发挥了重要的作用，但同时也能看出，涉及其他学科的教育 App 所占比例远低于英语学科。由此可见，目前我国 K12 教育 App 的学科发展不均衡，过于偏重英语学习。

（四）K12 在线学习方式多以视频讲授为主，交互性较差，数字化程度不高

从分析结果中可以看到，"老师"的点度中心度、接近中心度位列第二位，中间中心度位列第一，且与"课程""讲课""视频""辅导"的关联度很高。这说明目前我国 K12 教育 App 中以教师视频授课方式提供服务的 App 占多数，看视频进行学习是当前我国 K12 在线学习者的主要学习方式之一。相比于国外 K12 教育 App 市场中大量的交互式游戏化学习 App，我国 K12 教育 App 支持的学习方式仍较传统，App 的交互性较差，数字化程度不高。

4.4.3　高等教育 App 用户评论文本挖掘结果

一、文本挖掘结果

（一）用户关注点

对高等教育 App 用户评论进行社会网络分析，特征词 Top50 的可视化结果如图 4.9 所示。社会网络分析生成的网络密度为 0.7453，节点间关系的标准偏差为 0.4357，点度中心势为 0.2598。这说明用户对高等教育 App 的关注点比较集中，各个节点的关联紧密，词与词之间都有联系。

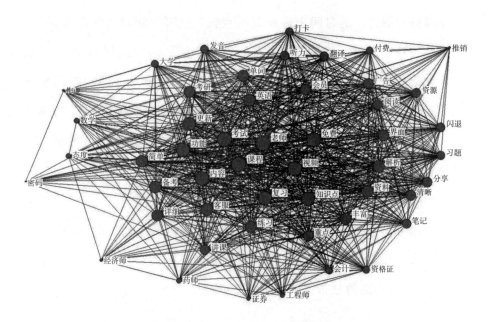

图 4.9　高等教育 App 用户评论社会网络分析可视化图

从社会网络分析的结果可以看出，用户评论的关注焦点在 App 的内容、教学质量、呈现形式以及 App 的功能设置等方面。在 App 内容方面，"备考"的点度中心度最高，为 43，用户通过 App 来进行"英语"（42）四六级的学习、"考研"（40）内容的复习、"会计"（31）资格证的考试以及"药师"（25）、"工程师"（23）、"经济师"（20）等的考试。其中，关于英语的学习占大多数，用户多利用 App 进行"单词"（40）的背诵、"发音"（32）的纠正，以及"听力"（35）和"翻译"（34）的练习。

其次，在教学质量方面，由于用户主要利用 App 准备"考试"（49），因此会特别关注"老师"（49）"讲课"（37）过程中"重点"（39）是否"清晰"（39），给的"资料"（42）是否"丰富"（42），"知识点"（45）的"更新"（45）是否及时，"练习"（43）之后是否有答案"解析"（43），以及课后如何进行"复习"（45）等。

在 App 中，"课程"（49）主要通过"视频"（48）的方式来呈现，学生可以根据自己的时间表选择观看视频，也可以随时回放视频课程，重复观看特定部分，加深对知识点的理解和记忆。"分享"（37）、"笔记"（36）、"打卡"（32）、"界面"（41）设计属于 App 的功能设置方面，受到用户的广泛关注。此外，App 中"资源"（35）是否"免费"（47），用不用充值"会员"（40），"广告"（38）多不多同样是用户关注的焦点。

（二）情感分析结果

利用 ALBERT 进行情感分析，得出高等教育 App 的用户评论中积极评论占总评论数的 54.12％；中性评论数占 14.03％；消极评论数占 31.85％。各类别的分布情况如图 4.10 所示。

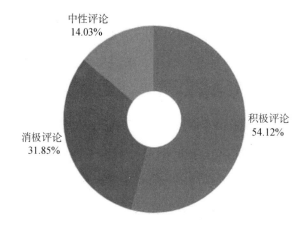

图 4.10　高等教育 App 用户评论情感分析结果

（三）LDA 主题提取结果

对积极评论进行主题提取，结果如表 4.5 所示。

表 4.5　积极评论主题提取结果

主题 1		主题 2		主题 3		主题 4	
特征词	概率	特征词	概率	特征词	概率	特征词	概率
同学	0.04	功能	0.089	习题	0.27	老师	0.22
课程	0.025	界面	0.06	解析	0.097	专业	0.019

续表

主题1		主题2		主题3		主题4	
特征词	概率	特征词	概率	特征词	概率	特征词	概率
免费	0.024	免费	0.042	免费	0.09	教学	0.013
真心	0.022	笔记	0.02	答案	0.043	服务	0.011
安利	0.012	资源	0.013	全面	0.034	方法	0.09
自学	0.011	设计	0.012	章节	0.023	经验	0.0073
宝藏	0.0092	人性化	0.0069	历年	0.015	通俗易懂	0.0066
用心	0.006	词典	0.0068	考点	0.012	细心	0.0061
小白	0.0059	记录	0.0067	教材	0.0089	逻辑	0.0047
干货	0.0055	模式	0.0047	专项	0.069	认真负责	0.0046

主题5		主题6		主题7	
特征词	概率	特征词	概率	特征词	概率
考试	0.16	单词	0.28	电脑	0.016
资格证	0.05	英语	0.14	平板	0.015
教师	0.047	听力	0.061	版本	0.012
银行	0.017	口语	0.036	微信	0.012
证券	0.017	发音	0.026	程序	0.0088
经济师	0.013	考研	0.012	设置	0.0073
工程师	0.012	语法	0.0077	账号	0.0069
消防	0.0098	日语	0.0067	升级	0.0065
会计职称	0.0082	外教	0.0057	位置	0.0059
建造师	0.008	音标	0.0047	速度	0.0051

由表 4.5 可以看出，积极评论的话题主要聚焦在以下七个方面。

主题 1：用户在使用高等教育 App 后，对其总体持满意态度，认为这些 App 提供的免费资源多，内容多且质量高，非常适合自学，十分推荐，自己也会分享给自己的同学使用。该主题的评论示例："这个编程软件对于自学或是刚入门的小白来说太友好了，里边有很多免费的教程。""是我学习 App 里最喜欢的软件，推荐给了身边其他人，大家也都用得很好。"

主题 2：用户认为 App 中提供的功能非常全面，资源也十分丰富。

不仅可以边听课边做笔记，也能一边做题一边查词典，设计非常人性化。该主题的评论示例："功能很强大，东西好找，不错""品质很棒，简洁大方功能多。"

主题 3：App 中提供了许多免费的题库，题库中包含了各章节的练习题、历年的考试真题、各考点专项练习，还有相应的答案解析，让用户能充分巩固练习。该主题的评论示例："海量的题库，对复习考试非常有用处""软件里有免费的题库和视频，覆盖得很全面。"

主题 4：用户认为 App 中授课的老师很专业，知识讲解得清晰、通俗易懂，非常细心并且非常认真负责，遇到问题能第一时间解答，给自己提供了很大的帮助。该主题的评论示例："老师挺专业的，班主任也很负责""老师授课非常认真，在学习过程中遇到的学习问题，老师也能及时回复。"

主题 5：用户使用 App 主要用来准备各种各样的考试，如教师资格证考试、建造师考试、会计职称考试等。用户认为这些 App 对自己的备考有很大的帮助。该主题的评论示例："准备考健康管理工程师资格证的朋友必备的软件""很实用的教师资格证考试辅助软件。"

主题 6：用户使用 App 进行外语方面的学习，包括背单词、练习口语、矫正发音、纠正语法等，并取得了较好的效果。该主题的评论示例："英语发音很标准，是学习英语很好的工具""大大提升了口语能力，爱上了英语。"

主题 7：用户认为 App 提供的多设备同时登录、数据同步等功能十分方便，并且 App 运行速度快，反应敏捷，这些都给用户带来了良好的使用体验。该主题的评论示例："视频手机电脑平板都可以用""真的很棒，尤其是升级后，更顺畅了。"

对消极评论进行主题提取，结果如表 4.6 所示。

表 4.6　消极评论主题提取结果

主题 1		主题 2		主题 3		主题 4	
特征词	概率	特征词	概率	特征词	概率	特征词	概率
习题	0.2	单词	0.17	课程	0.081	闪退	0.089
答案	0.11	模式	0.019	老师	0.074	验证码	0.062
解析	0.061	考研	0.017	机构	0.013	密码	0.054
错误	0.022	发音	0.016	服务	0.011	错误	0.033
科目	0.01	麻烦	0.016	专业	0.0099	权限	0.025
空白	0.0078	问题	0.015	态度	0.0087	卡顿	0.024
错别字	0.0066	调整	0.0054	录播	0.0067	反应	0.0094
缺点	0.0077	词典	0.005	骗人	0.0054	重装	0.0092
差劲	0.0072	释义	0.004	内容	0.0053	离线	0.0055
不更新	0.0039	生词	0.004	理由	0.0048	黑屏	0.0049

主题 5		主题 6		主题 7	
特征词	概率	特征词	概率	特征词	概率
客服	0.1	广告	0.08	会员	0.04
电话	0.06	界面	0.038	考试	0.038
信息	0.033	内容	0.029	习题	0.024
联系	0.021	视频	0.02	浪费	0.023
态度	0.012	体验	0.014	花钱	0.017
找不到	0.011	自动	0.013	资料	0.012
服务	0.0085	麻烦	0.013	功能	0.0073
咨询	0.0065	链接	0.0072	没想到	0.0066
没人	0.005	弹出来	0.0055	生气	0.004
诈骗	0.0045	影响	0.0044	价格	0.0038

由表 4.6 可以看出，消极评论的话题主要聚焦在以下七个方面。

主题 1：用户在使用高等教育 App 时遇到了一系列问题，诸如错误答案、不完整答案或缺少解析步骤，以及空白课程和大量错别字等。用户认为高等教育 App 在这些方面表现不佳。该主题下的评论示例有："错误答案太多，也不及时纠正""很多重复习题，解析与题目驴唇不对马嘴，也没有人发现。"

103

主题 2：考研学生在使用 App 学习英语时同样遭遇了许多问题。其中包括单词发音不准确、释义错误、缺乏生词本功能以及播报单词的音量时大时小等。该主题下的评论示例有："词的释义有点少，许多不常用的释义查不到""大部分单词的发音有问题，前 2～3 次发音都听得不全。"

主题 3：用户普遍认为高等教育 App 的质量较低，上课教师的态度不好、缺乏专业性。此外，还存在欺骗用户的情况，如将原本应该是直播课程改为录播课程，导致教师根本不了解学生的学习情况。该主题下的评论示例有："经常换老师，越来越听不懂，有的老师只会照着讲义念""全程都是 App 上的录播课程，有没有你这个人都不知道。"

主题 4：用户反映，高等教育 App 在使用过程中经常出现闪退、卡顿和黑屏等问题，同时响应速度也非常缓慢。此外，用户还遇到输入正确密码后系统仍然提示错误的情况，即使重装系统后问题仍然重复出现。该主题下的评论示例有："不推荐，视频经常卡死，闪退""现在白屏了，老说网络不可用，但是我自己的网络没问题，卸载重装了也没用。"

主题 5：高等教育 App 存在客服难以联系或态度差的问题，无法有效帮助用户解决问题。同时，该 App 未能妥善保护用户的个人信息，注册后频繁受到骚扰电话的困扰。该主题下的评论示例有："试题打不开找客服要求退款，客服直接给你拉黑名单""下载就会有各路电话打过来，太恶心了。"

主题 6：用户对高等教育 App 的广告表示极度不满，认为广告过多且频繁自动弹出，导致在界面上不慎误点广告链接，严重干扰了用户的使用体验。该主题下的评论示例有："一点领取就出现广告，打着安全的旗号，来卖广告了""打开一个文件就是一个链接广告，太差了。"

主题 7：用户在使用高等教育 App 时经常会遇到需要付费的情况，如在做习题或备考时，需要购买会员才能获取相关资料，而且价格往往较高。该主题下的评论示例有："客服营销太重，一言不合就让你买课买课""虽然解题技巧实用，但是价格有点贵啊！普通家庭是很难支付的起。"

二、文本挖掘结论

（一）增加反馈和评估

学生使用高等教育 App 大多是为了考试，因此，为了提高学生的综合能力和思维能力，App 可以在学生基础内容学习结束后引入多种的题型，包括选择题、填空题、论述题等，提供参考答案和解析。并且，通过使用智能算法和数据分析，高等教育 App 可以根据学生的答题情况，对学生进行个性化的评估和反馈。这样可以帮助学生了解自己的优势和不足，进而有针对性地进行学习调整和提升。同时，App 可以使用数据分析和可视化工具，帮助学生更好地知晓学习进展和评估结果。通过图表、图形和统计数据的展示，可以提供更直观更清晰的反馈和评估结果。

（二）减少广告和消费

多数用户在评论中写到 App 界面中的广告严重影响到了他们对 App 的使用，App 的设计者可以为用户提供一些选项，让他们可以屏蔽或过滤掉不感兴趣或不相关的广告。首先，如果应用中存在消费支出，可以考虑优化付费模式。例如，可以提供试用期免费或基本功能的免费版本，吸引用户下载和使用应用。同时，可以提供不同等级的付费内容或服务，让用户可以根据自己的需求选择是否付费。其次，设计者可以加强对高等教育 App 的功能和内容的提升，增加其价值和用户体验。通过提供更多高质量的教育资源、个性化的学习推荐和交互体验等方式，吸引用户长期使用应用，并增加其付费意愿。最后，设计者可以定期收集用户的反馈和需求，了解他们对广告和消费支出的态度和期望。根据用户的反馈，及时调整广告和付费策略，满足用户需求，提高用户满意度。

（三）提升 App 可靠性

首先，App 要定期进行系统维护，包括数据库清理、日志清理、缓存刷新等，以保持系统的良好状态。同时，及时更新 App 的版本，修复已知的漏洞和问题，提供更好的用户体验。其次，要采取网络安全措施，如加密传输、防火墙、身份验证等，保护用户信息的安全性。防止数据泄露等安全威胁。最后，可以建立用户反馈渠道，及时收集用户的反馈和问题，有效地解决问题和修复 bug。这有助于提高系统的稳定性和可靠性，并提升用户满意度。

（四）加强学生互动

首先，App 可提供实时聊天、论坛等功能，方便学习者与其他同学、教师进行交流和互动，其次，还可以创建在线学习群或项目组，鼓励学习者参与讨论和团队合作，以促进学习者之间的互动和合作，增强他们的学习效果和提高他们的技能。同时，可以设置学习目标和奖励机制，如打卡返现等活动，鼓励学习者积极参与 App 的学习活动。最后，还可以组织学习者之间的竞赛，激发学习者的学习兴趣和动力。高等教育 App 在设计时应该以学习者为中心，关注其需求和反馈，并不断改进和创新，以提供更好的学习体验和互动效果。

随着在线教育规模迅速扩大，特别是疫情后学习者在线学习习惯的形成，参与在线教育的人数激增，在线教育数据呈指数级增长。庞大的在线教育数据为应用人工智能提升教育质量、促进教育公平、满足教育的个性化需求提供了良好的契机。但同时在线教育中违规收集与使用学生及家长个人信息、数据非法交易、用户数据滥用、个人隐私泄露等事件时有发生，不仅对学生、教师和家长的个人隐私造成了侵害，扰乱了经济社会秩序，也对国家安全造成了威胁。因此，如何保障在线教育用户的个人隐私，避免在线教育信息泄露等安全事件发生，是大数据时代教育治理面临的新挑战。

为此，国家工信部等部委相继出台了相关法律法规，从法律层面对在线教育运营商的信息收集、使用、存储、共享、转让以及披露等方面进行了规范，为在线教育用户的隐私保护提供了法律保障。目前，教育领域，特别是在线教育的隐私保护问题已引起了研究者的关注。但是当前我国在线教育运营平台在隐私保护方面是否符合国家的法律法规，存在哪些违规问题，针对当前在线教育运营平台隐私保护的现状应如何应对等问题还有待进一步研究。

教育 App 是当前在线教育的主要载体和运营平台。本研究分析和梳理国家颁布的各项相关的法律法规，着重从隐私保护方面入手，构建了在线教育隐私保护合规测评指标体系，并以 50 款典型教育 App 为测评对象进行了隐私保护的合规性测评，以此发现当前我国在线教育隐私保护方面存在的问题，最后针对存在的问题提出了相应的对策建议。

5 我国教育 App 隐私保护现状

　　为切实保障人们的基本权利，保护个人隐私，2012 年 12 月 28 日，全国人民代表大会常务委员会发布《关于加强网络信息保护的决定》，明确要求经营者应当遵循合法、正当、必要的原则收集、使用个人信息，并明示收集、使用信息的目的、方式和范围。2016 年 11 月 7 日，全国人民代表大会常务委员会发布《中华人民共和国网络安全法》，并于 2017 年 6 月 1 日起施行。《网络安全法》全面规范了网络空间安全管理方面的问题。2017 年 12 月，全国信息安全标准化技术委员会发布 GB/T 35273 - 2017《信息安全技术　个人信息安全规范》，明确了个人信息收集、保存、使用、共享的合规要求，将个人信息收集和使用规则称为"隐私政策"，为运营商制定隐私政策提供了参考与依据。2019 年 3 月，全国信息安全标准化技术委员会、中国消费者协会、中国互联网协会、中国网络空间安全协会成立了 App 违法违规收集使用个人信息专项治理工作组，制定了《App 违法违规收集使用个人信息自评估指南》，对 App 中隐私政策文本的表述和发布方式进行了翔实的规定，为推进我国 App 信息安全与隐私保护的规范化，开展企业自检自查起到了积极促进作用。2020 年 3 月 6 日，全国信息安全标准化技术委员会颁布 GB/T 35273 - 2020《信息安全技术　个人信息安全规范》，该规范是对 2017 年发布的规范的进一步修正和扩展，对个人信息收集、存储、使用、共享、转让与公开披露等信息处理环节中的相关行为进行了严格的限定。2021 年 8 月 20 日，全国人民代表大会常务委员会通过了《中华人民共和国个人信息保护法》，并于 2021 年 11 月 1 日起正式实施。《个人信息保护法》是我国第一部专门针对个人信息保护制定的法律，从法律层面为我国公民的个人隐私提供了更全面、完整的法律保护。

5.1　教育领域隐私保护研究现状

目前，教育数据存储于教育机构或教育产品运营公司的服务器上，这些教育机构和公司也随即拥有了教育数据的使用权。这些教育数据是否被合法合规地使用，直接关系到学生、教师，乃至家长的个人隐私安全。因此，如何构建行之有效的监督管理机制，成为诸多研究者关注的重点。

当前多数高校都有自己的服务器，存储着大量学生数据。根据这些数据可以形成学生画像，预测学生行为，实现个性化课程或资源推送，进行针对性的干预等，帮助学生顺利完成学业。与此同时，也为学生带来了隐私安全问题。美国的多个州都有相关法律，对学校在数据收集、使用学生数据等方面进行了规范，并要求学校对外提供数据隐私政策，明示该校在收集、使用学生数据的说明。但是目前很多学校的隐私政策并非用于帮助学生知晓学校在使用、管理学生个人信息的权利有哪些，而是以学校相关利益者的权益为出发点，阐述学生的个人数据在制度上是如何构建的，在保护数据安全方面机构将面临哪些风险等。世界隐私论坛（World Privacy Forum）最近调查了美国 5000 多所 K12 学校和 102 所大中专院校，结果表明 50％学校的隐私保护不符合《家庭教育权和隐私保护法》（FERPA，*Family Educational Rights and Privacy Act*）。

相对于线下学校的隐私保护现状，线上学习平台的学生隐私保护同样存在问题。用户在使用平台前，需要点击同意平台的隐私政策，但却并不清楚同意条款意味着他们的隐私数据会被怎样地收集、处理加工，后续是否会被转让等。因此，隐私政策中语句的表述方式对用户知晓数据的收集与处理方式至关重要。有研究者对三大典型慕课平台（edX，Coursera，FutureLearn）中隐私政策的语言表述方式进行了定量和定性分析，研究结果表明这三大慕课平台在隐私政策的语言表述上使用了一定数量的积极情感词汇。总体而言，表述趋于中性情感和消极情感。可以看出，这三大慕课平台隐私政策的表述仍以保护平台利益为出发点。

在我国，教育领域的隐私保护问题已取得初步的研究成果。赵慧琼等基于技术视角，从数据收集、分析和解释三方面构建了数据安全与隐私保护框架，并提出了相应的隐私保护策略。针对我国当前教育领域的隐私保护研究处于起步阶段，有研究者对美国的数据隐私保护法及治理体系进行了分析，为我国教育领域隐私保护的研究提供了参考价值。李青等在分析国外三个典型的学习者个人隐私泄露事件基础上，提出了教育领域隐私保护的策略建议。侯浩翔分析了当前新时代发展背景下学生将面临的隐私保护挑战，提出了隐私保护的措施。李凤英等从人本主义的视角，对当前我国在线学习者的隐私保护关注度和隐私对学习体验的影响进行了量化研究，并基于调查结果提出了提高学习者隐私保护的对策。

综上所述，学习者隐私保护问题是信息时代发展的结果，目前已引起了社会的广泛关注。我国已制定了专门的法律法规，在法律层面对学习者的个人隐私进行保护。但在教育领域，学习者的隐私保护研究尚处于起步阶段，已有研究多集中在隐私保护的理论探讨，在实际的教育产品应用中，特别是当前学生在线学习的主要载体——教育 App 在个人隐私保护方面是否符合国家的法律法规，还存在什么问题，都亟待进一步研究。为此，本研究以我国应用市场中 50 个教育 App 为样本，对当前我国教育 App 产品隐私保护的合规性进行了调查，并在调查分析的基础上总结出当前我国在线教育产品隐私保护的现状，存在的问题，以及为后续的相关研究提供基础。

5.2　研究设计

基于我国已颁发的个人信息安全与隐私保护的相关法律法规，以及现有的教育领域隐私保护的研究成果，本研究制定了教育 App 隐私保护合规性测评的测评指标体系，并根据测评指标确定具体的测评项进行测评，最后得出测评结果。

5.2.1　测评指标体系

对教育 App 的隐私保护进行合规性测评，主要从两方面着手：教育 App 运营商发布的隐私政策，以及教育 App 使用过程中的个人信息的收集与使用。也就是说，若测评某个教育 App 在个人信息与隐私保护方面是否符合国家的法律法规：一是测评该 App 的隐私政策是否符合现有法律法规对隐私政策的规定与要求，二是测评用户使用教育 App 过程中是否存在违规收集、使用个人信息等问题。具体地，本文构建了包括个人信息收集、信息使用、信息存储、信息对外提供、用户权利、条款状态、征得同意 7 项一级指标，以及 34 项二级指标的教育 App 信息安全与隐私保护测评指标体系。

信息收集的合规性测评主要测评 App 收集的个人信息是否符合最少够用、目的明确、一致性原则。对应的二级指标包括了隐私政策中是否告知用户收集了哪些个人信息，包括用户主动提供、App 自动收集，间接获取的个人信息、个人敏感信息；告知自动收集个人信息所采用的技术〔Cookie、第三方 SDK（Software Development Kit，软件开发工具包）等〕、核心业务功能涉及的个人信息；App 使用过程中实际收集的个人信息与隐私政策中声明内容的一致性等。信息使用主要考察隐私政策中是否声明了收集个人信息的使用目的、应用场景（包括定向推送），使用规则，是否说明发生变更等情境下如何处理个人信息；App 实际使用过程中个人信息的使用方式与隐私政策中的声明是否一致等。信息存储主要考察隐私政策中是否声明了个人信息的存储方式、期限、存储的地区、安全事件处理等。对外提供主要考察了隐私政策中是否声明了个人信息与第三方的共享方式、披露规则以及变更情形下个人信息的处理方式等。

用户权利主要考察了隐私政策中是否告知用户处理个人信息的方式，以及 App 中是否有相应功能的操作。其包含的二级指标：查询访问权、删除权、更正权、撤回同意权、注销权、申诉机制；条款状态主要考察 App 提供的隐私政策是否具有公开性、可读性、独立性、更新告知等，包含的二级指标为隐私政策的公开性、独立性、生效和变更后通知、易读性、专业术语界定、运营者基本情况、是否存在不合理条款。征得同意主要考察在用户使用产品前是否主动引导用户阅读隐私条款，在 App 使用过程中，是否在收集用户或未成年人个人信息前以弹窗等方式征得用户同意等，包含的二级指标：引导阅读隐私政策方式、收集个人信息的征得同意方式、附加功能的同意方式、增强式告知。

5.2.2　测评方法

在本研究中，教育 App 隐私保护的合规性测评采用人工和自动测评相结合的方式。其中，教育 App 实际使用过程中申请的权限、教育 App 实际收集的个人信息、教育 App 中 TargetSDKVersion 版本号、第三方 SDK 使用权限等情况采用研究团队自动测评实验室的自动测评软件进行机器自动测评。其他评估项使用人工测评。

根据本研究构建的教育 App 个人隐私与数据安全测评指标体系，将 34 项二级指标进一步细化为 78 道选择题。题目分多选和单选。评分时对符合的选项进行赋分。单选题若符合评估项，则赋 1 分，不符则赋 0 分。多选题对符合的各个选项进行赋分，每符合一个选项赋 1 分，每题最高赋 4 分，最低赋 0 分。若 App 存在无隐私政策的情况，则总分直接赋为 0 分，不再进行其他项的赋分。将 App 获得的分数进行求和，再折合为 10 分，作为最终测评结果。若 App 总体得分大于等于 6 分，则视为该 App 的隐私保护合规，小于 6 分则为不合规。对于各项一级、二级指标，若各项指标的得分超过该项指标总分的一半，则视为该指标项是合规的，反之则视为不合规。

5.2.3　样本选取

本研究分别选取了 50 个国内应用市场中用户关注度较高的教育 App 产品进行了隐私保护合规测评。其中，幼儿教育类 5 个、基础教育类 10 个、语言学习类 10 个、艺术心理类 3 个、IT 技术类 4 个、职业与成人教育类 4 个、服务学校类 9 个、高等教育类 5 个。

5.3　研究结果

一、总体得分

根据本研究的统计结果，测评的教育 App 平均得分为 6.9 分，大部分分数在 6～8 分，各分数段的占比情况如图 5.1 所示。

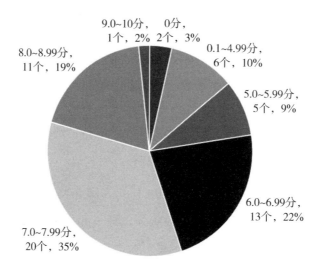

图 5.1　总体得分各段占比图

其中，8 分以上的 App 共有 12 个，分别是三好网、钉钉、斑马、核桃少儿编程、超星学习通、一起作业、猿辅导、晓黑板、学堂在线、希沃白板、医学教育网、中国大学慕课。5 分以下的 App 有 8 个（0分，即没有隐私政策说明的教育 App 有 2 个）。

测评指标体系中各项一级指标的合规率分别为：条款状态74.84%、信息保存 71.35%、征得同意 69.48%、信息收集 68.85%、对外提供 67.59%、用户权利 67.14%、信息使用 64.22%。

二、信息收集测评

信息收集的 5 个二级指标中，合规率最高的是间接获取（93%），说明大部分涉及间接获取的 App 在隐私政策中说明了以间接方式收集个人信息的类型和个人信息与产品或服务的业务功能存在的关联性，以及承诺了以间接方式收集的个人信息来源的合法性进行确认。个人敏感信息、核心业务功能与必要信息、用户提供和自动采集、Cookie 等同类技术的合规率分别为 79%、67%、65% 和 56%。

信息收集存在的主要问题：44% 的 App 产品未能在隐私政策中明确区分平台自动收集的个人信息与用户主动提供的个人信息；超过半数的教育 App 未阐明核心业务功能以及所收集的个人信息，未能明确说明用户拒绝提供个人信息所带来的影响等。

三、信息使用测评

信息使用的二级指标中特殊情形的合规程度最高，为 80%，说明大部分教育 App 在隐私政策中明确描述了若出现特殊情况将采取无须征得用户同意等方式使用或处理个人信息。定向推送的合规率为 75%，变更后征得同意，以及信息使用规则维度的合规率分别为 68% 和 65%。

在信息使用的测评中存在的主要问题：近半数的 App 实际收集的个人信息类型超出了隐私政策收集使用规则中用户授权范围。在包含定向推送功能的教育 App 中，大部分在隐私政策中说明了 App 中定向推送的方式（如生成定制页面、推送消息通知、推送短信、发送邮件、营销电话），但仅有少数 App 说明了退出定向推送的方式，以及退出后用户该如何删除定向推送涉及的个人相关信息。

四、信息存储测评

信息存储的整体合规度较高，二级指标中存放地域与出境的合规程度最高，为 92％，说明绝大多数 App 都在隐私政策中明示了个人信息的保存地域，存在出境的情况。在信息存储的各项二级指标中，安全保护措施、安全事件处置、停止运营、保存方式与期限的合规率分别为 77％、72％、64％和 54％。

调查发现，近一半的教育 App 在隐私政策中未说明个人信息的保存方式与期限，超出期限后会对个人信息进行删除或匿名化处理；未能充分说明在出现产品和服务停止运营的情形时，将及时停止继续收集个人信息的活动，并将停止运营的通知以群发或公告的形式通知用户，同时对其所持有的个人信息进行删除或匿名化处理等。

五、对外提供测评

对外提供的二级指标中，第三方接入规则的合规程度最高，为 87％，说明大多数的教育 App 能够在用户进入第三方应用时，提醒用户关注接入第三方应用的信息收集使用规则，有效地保护用户个人信息安全。收购兼并等变更、共享转让、公开披露的合规率分别为 77％，69％和 65％。

对外提供测评维度的主要问题存在于公开披露环节。近半数的教育 App 在隐私政策中未告知用户公开披露个人信息的目的、类型，以及在公开披露前采取相应的安全措施。

六、用户权利测评

用户权利测评的整体合规性较低。在用户权利对应的二级指标中，更正权和查询访问权的合规程度最高，为 85％和 82％，说明大多数的教育 App 在隐私政策中阐明了查询或访问个人信息，以及更正个人信息的操作方式。此外，用户的注销权、删除权、申述机制和撤回同意权的合规率分别为 77％、74％、65％和 60％。

在用户权利测评维度中，目前存在的主要问题：相当一部分教育

App 未能为用户提供注销、删除个人信息的权利，没有完善的申述机制，未提供撤销同意的操作方式等。在被测的 50 个教育 App 中，仅 27 个教育 App 可在产品或服务提供的功能界面中在线注销账号；16 个 App 在隐私政策中说明了在何种情形下不响应用户申诉；18 个 App 用户可在产品或服务提供的功能界面中在线撤回同意。

七、条款状态测评

在条款状态的各项二级指标中，隐私政策易读性的合规程度最高，为 95％，说明被测的绝大多数教育 App 隐私政策的表述清晰，明确，语言表述未见晦涩难懂、繁杂冗长等问题。公开隐私条款与独立性、是否存在不合理条款、运营者基本情况、生效和变更后通知、专业术语界定的合规率分别为 89％、89％、81％、76％和 66％。

条款状态的整体合规性较高，存在的问题是少数 App 的隐私政策未对一般个人信息、敏感个人信息等专业术语进行清晰的界定。

八、征得同意测评

在征得同意指标的二级指标中，收集未成年个人信息的征得同意方式与引导阅读隐私政策方式的合规程度分别为 94.64％与 93.30％。说明绝大多数被测教育 App 在首次运行时，会通过弹窗等比较明显的方式提示用户阅读隐私政策等收集使用规则，并且在用户使用产品或服务前，主动引导用户阅读或了解隐私条款内容，通过用户主动勾选"同意"的方式征得用户同意；对未成年人信息收集均使用合理技术进行征得同意。附加功能的选择同意的合规率为 82％。

在征得同意维度的测评中，存在的主要问题是增强式告知方式，合规率为 47％，说明在测评的教育 App 中，相当一部分产品存在隐私条款中未能明示哪些设备权限会被调用，个人信息会提供给谁等问题。

5.4　研究结论

一、教育 App 运营商基本具备个人信息安全与隐私保护意识

根据本研究的统计，在调查的教育 App 中，96％的教育 App 都具有独立成文且公开的隐私政策，80％的教育 App 的测评得分大于等于 6 分，79％在 6～8 分。由此可见，被调查的教育 App 运营商基本具备了个人信息安全与隐私保护意识，能够在 App 中主动呈现隐私政策，在隐私政策中能够较规范地明示收集的个人信息及使用目的、个人信息的存储、用户的相关权利等。在 App 运行过程中大致能够注意到个人信息安全与隐私保护等问题。这与 2019 年后我国加大 App 的监管力度，严惩违规收集与使用个人信息的行为有直接关系。

二、教育 App 的个人信息安全与隐私保护的合规率不容乐观

尽管教育 App 运营商基本具备国家要求的隐私保护意识，绝大多数都提供了隐私政策，但从测评的结果来看，被测的 50 个教育 App 平均分数为 6.9 分，其测评分数在 6～8 分的教育 App 占比为 79％。可以看出当前我国仍有相当一部分教育 App，无论在隐私政策声明与呈现的规范性，以及 App 使用过程中实际收集与使用个人信息的规范性、与声明的一致性等方面都还存在诸多问题。运营商在个人信息安全与隐私保护方面的违规现象仍然屡见不鲜。在被测教育 App 中，近 19％的 App 合规率低于 6 分，合规率堪忧。

三、超规收集与使用个人信息问题凸显

在构建的 7 个一级测评指标中，个人信息使用的合规率最低，出现的问题也最多，信息收集的合规率位于 7 个一级指标中的第 4 位。运营商超范围收集个人信息、违规使用个人信息等问题凸显。根据本研究的统计，有 39.3%的教育 App 存在收集的个人信息超出业务功能范围的问题；66%的教育 App 隐私政策中声明的个人信息、权限申请与实际使用不一致、App 实际收集的部分个人信息未在隐私政策中进行声明、未能明示收集个人信息的目的等诸多问题。

四、教育 App 中用户保护个人隐私的权利较难得到保障

在教育 App 中，用户能够行使的保护个人信息安全的权利主要体现在：同意或拒绝 App 调用用户设备的权利；查询、修改、删除个人信息的权利；注销账户、撤回同意的权利，以及申诉的权利。但从本研究的调查结果看，当前我国教育 App 用户较难行使自己个人信息保护的权利。在 7 个一级测评指标中，用户权利保护的合规率为 67.14%，仅高于信息使用的合规率。

6 我国教育 App 发展对策建议

6.1 推广建议

为进一步推广教育 App，建议采用以下方式。

一、建立专有平台整合各类教育 App

现有的教育 App 分布在各大 App 商店，且没有细化分类。用户只能依靠关键词进行搜索。可以建立专门的网站或 App，以我国课程标准为分类依据，整合现有各大 App 商店的各类教育 App，并对其功能、特性等进行介绍。这样，用户可以根据不同年龄，不同学科等信息，迅速定位到符合用户需求的教育 App。

二、加大教育 App 开发与应用的培训力度

借助教师培训，进行教育 App 开发与应用的讲授，是一种推广教育 App 的有效途径。在培训过程中，授课教师可以将优秀的应用案例或开发工具介绍给受训教师。这些教师可以再进一步扩散给校内的其他教师。

三、举办各级别教育 App 设计与应用大赛

各级别的教育部门，可以组织教师进行教育 App 的设计与应用大赛。一方面促进了教育 App 理念的推广，另一方面促进了教师设计与

应用教育 App 的热情。可以采用公开参赛作品，用户自主评价等评价模式。通过公开参赛作品，不同教师之间可以互相学习，这对促进教育 App 的设计与应用，都具有重要的意义。

6.2　监管建议

在规范 App 市场的同时，对于教育 App，建议采用第三方认证的方式。建立专有的教育 App 平台，邀请专家或一线专业教师，对教育 App 进行严格把关与审核，特别是审核教育 App 中内容的正确性、科学性、合理性等。只有通过审核和认证的 App 才能够出现在教育 App 平台上。用户可以放心地通过这个专门的平台使用教育 App。

6.3　隐私保护监管建议

针对当前我国教育 App 的个人信息保护与隐私安全方面的诸多问题，本文提出以下对策建议。

一、加强企业自律与自检

教育 App 运营者应严格遵守《网络安全法》《App 违法违规收集使用个人信息行为认定办法》等法律法规要求，按照"合法、正当、必要"的原则，依法合规地收集、使用用户的个人信息，积极履行网络安全管理主体责任，避免因违规而受到下架、罚款等处罚。此外，应利用人工智能等技术，为企业提供数据安全自测自检平台，确保企业能尽早发现 App 中可能存在的个人信息安全隐患。

二、明确责任主体，健全问责机制

目前，教育数据一般存储在运营商的后台系统，或第三方互联网公司。这些企业负责存储、应用数据，自然承担了数据的存储安全、应用安全等职责。但一旦发生数据安全事件，后果由谁承担目前尚未有明确规定。

保障教育数据安全不仅涉及企业的安全技术与数据的规范使用，同时也需要法律的规范约束、主管部门的有力监管等多方共同作用。缺乏相关法律法规，缺少政府部门的有力监管，仅仅依靠企业来保障在线教育数据的安全是不够的。应出台明确的处罚办法，明确责任主体，对违规的教育 App 运营企业进行惩处，具体措施可依违规程度不同而决定。对因数据泄露造成一定社会危害的企业，应进行问责。

三、建立实时智能监测系统，及早发现安全隐患

随着教育 App 市场规模的迅速扩大，人工进行 App 个人信息安全的检查或抽检存在一定难度。应借助人工智能技术，构建教育 App 个人信息安全与隐私保护实时监测系统，随时发现可能存在违规操作的 App，有效防止学生和家长的个人隐私被泄露。

四、提升隐私安全的自我保护意识

应加强学生的数据安全意识教育，在教育 App 索要设备访问权限，要求用户输入个人信息，特别是个人敏感信息时，要意识到潜在的数据安全问题。在使用前，要仔细阅读教育 App 的隐私条款，了解其要收集、使用哪些个人信息，申请访问哪些设备权限，以及使用的目的和意图等。一旦发现违规行为，应及时向监管部门举报。

五、制定在线教育行业立法，明确在线教育数据的保护范围

在线教育数据类型众多，种类复杂。不同类别的数据，隐含着不同的信息，具有不同的潜在价值。《数据安全法（草案）》的第十九条规

定："……各部门依照国家规定，确定本部门、本行业的重要数据保护目录，并实行重点保护"。但是，目前尚未有机构或部门对在线教育数据进行分级分类，确定在线教育数据的重点保护目录。此外，相对于电子商务行业，电子商务行业有专门的《电子商务法》，针对本行业特点，此间包含了专门针对电子商务的个人信息安全与隐私保护的规范。因此，建议制定在线教育的行业立法，制定在线教育中的数据规范与具体的隐私保护措施，进一步规范在线教育市场，确保在线教育用户的个人信息安全。

6.4　建设建议

一、顶层设计、政策引领，确保教育 App 建设与总体教育目标一致

教育 App 开发的技术门槛较高，通常由各个科技公司开发完成，因此较难保证由各个公司开发的教育 App 在宏观上与国家整体教育发展目标一致。正如当前我国教育 App 市场中英语学习 App 占比最大，与我国教育数字化转型时期的"五育"并举、培养全面发展的人，建设教育强国、科技强国、人才强国的发展目标契合度不高。因此，需要教育主管部门在宏观层面进行顶层设计，制定相关政策，宏观引领与布局，确保教育 App 的建设与发展与我国总体教育目标一致。

二、多方合作、协同设计，确保教育 App 的教育性与科学性

作为当前主要的学习资源，教育 App 的教育性与科学性对于我国学生的发展至关重要。教育 App 中内容的呈现方式、人机交互方式、学习过程中的激励机制、社会交往等，都需符合学生的认知发展规律。

与其他的教育资源相比，教育 App 对设计人员提出了更高的要求。教育 App 的设计与开发应由教育科研团队、一线教师、技术开发人员等协同设计开发完成。App 不应仅仅停留在知识的呈现与视频讲授，点击或滑动等被动地看、听，更应充分发挥 App 的交互性、社交性，为学生提供学习媒介，利用智能技术，提高学习投入度，培养学生学习兴趣，满足学生的个性化学习需求。

三、建立教育 App 的评估标准规范，规范教育 App 健康有序发展

App 市场进入门槛低且存在严重的产品同质化问题，致使整体产品质量难以令人满意。此外，在众多应用中脱颖而出，吸引用户能对你的开发应用产生兴趣并主动选择购买，也面临相当大的挑战。因此，我国教育 App 的开发与设计应以前沿的教学理念与学习理论为指引，汇集教学研发专家的精英队伍，共同探讨构建完备的教育 App 质量评估标准框架，方便家长和学生迅速选择优质的教育 App，教育 App 开发者也要促进教育 App 的再完善，同时，鼓励教育工作者和其他教育培训机构等注重教育 App 的评估，以确保其质量符合评估要求，给学习者提供更丰富、深入和有价值的学习体验。

参考文献

［1］黄荣怀，杨俊锋.教育数字化转型的内涵与实施路径［N］.中国教育报，2022－04－06（04）.

［2］祝智庭，胡姣.教育数字化转型的实践逻辑与发展机遇［J］.电化教育研究，2022，43（01）：5－15.

［3］李锋，顾小清，程亮，廖艺东.教育数字化转型的政策逻辑、内驱动力与推进路径［J］.开放教育研究，2022，28（04）：93－101.

［4］斯伯克特.教育传播与技术研究手册［M］.上海：华东师范大学出版社，2012：585－586.

［5］L. Ceci. Number of available applications in the Google Play Store from December 2009 to June 2023［EB/OL］.（2023－6－16）［2023－6－29］. https：//www. statista. com/statistics/266210/number-of-available-applications-in-the-google-play-store/.

［6］L. Ceci. Most popular Google Play app categories as of 3rd quarter 2022，by share of available apps［EB/OL］.（2022－11－28）［2023－6－29］. https：//www. statista. com/statistics/279286/google-play-android-app-categories/.

［7］工信部：截至 2022 年底我国各类高质量 App 在架数量超过 258 万款。

［8］周颖，沈艳秋．手机发展史［J］．科技信息，2010（33）：599－600．

［9］何新闻，张艳河．手机发展史中的功能演变机制［J］．新美术，2012，33（04）：103－105．

［10］纸香墨飞．怀旧和时髦其实没有差别——追踪手机发展史（三）［J］．数字通信，2004（10）：98－99．

［11］林凡成．移动教育：成人远程教育的新舞台［J］．成人教育，2007（09）：64－65．

［12］余胜泉．从知识传递到认知建构、再到情境认知——三代移动学习的发展与展望［J］．中国电化教育，2007（06）：7－18．

［13］德斯蒙德·基更，徐辉富．移动学习：下一代的学习——在亚洲开放大学协会第 18 届年会上的主题报告［J］．开放教育研究，2004（06）：22－27．

［14］王晓东，李彦敏．基于手机短消息服务的移动学习［J］．中国电化教育，2007（01）：114－117．

［15］马小强．移动学习终端的选择与评价［J］．电化教育研究，2007（05）：52－57．

［16］裴伟廷．移动远程教育初探［J］．开放教育研究，2000（04）：20－23＋47．

［17］顾红璇．PDA 及其在教育领域中的运用［J］．科技信息（科学教研），2007（23）：40＋26．

［18］普通，朱娅婧，李泓呈，等．箱储片烟仓储出入库双重扫码校验系统设计及应用［J］．物流技术与应用，2023，28（09）：134－139．

［19］Shujun W，Jun W，Lei L．Study on PDA-based RFID handset system development［J］．Study on Optical Communications，2008．

［20］马玉慧，赵乐，李南南，等．新型移动学习资源——教育 App 发

展模式探究［J］. 中国电化教育，2016（04）：64－70.

［21］郝立兴. 浅析面向非正式学习情境的移动学习服务［J］. 长春教育学院学报，2013，29（11）：78－79.

［22］王泽族，蒋园园. 活动理论视角下的非正式移动微型学习交互活动设计［J］. 软件导刊，2013，12（05）：189－191.

［23］Yueh-Min Huang；Yen-Hung Kuo；Yen-Ting Lin；Shu-Chen Cheng，2007，US6564934 B1.

［24］赵铁军，许木璠，陈安东. 自然语言处理研究综述［J/OL］. 新疆师范大学学报（哲学社会科学版）：1－23［2023－10－24］. https：//doi. org/10. 14100/j. cnki. 65－1039/g4. 20230804. 001.

［25］王萌，俞士汶，朱学锋. 自然语言处理技术及其教育应用［J］. 数学的实践与认识，2015，45（20）：151－156.

［26］卢宇，骈扬，陈鹏鹤. 新型智能导学系统构建及其关键技术［J］. 中国远程教育，2023，43（07）：30－38＋46.

［27］李振亭，任靖娟. 自然语言理解与机器翻译实现［J］. 许昌学院学报，2006（02）：114－117.

［28］白玉. 人工智能时代翻译教育发展新趋势［J］. 兰州文理学院学报（社会科学版），2023，39（04）：72－76.

［29］王钟浩. 人工智能在模式识别方面的应用［J］. 大众标准化，2021（06）：136－138

［30］王伟丽，夏滨，谢晓钟，阿里云视觉智能平台图像识别的应用研究［J］. 机电技术，2022（06）：27－29.

［31］唐琳. 基于人脸识别技术的学生课堂考勤管理系统的设计与实现［J］. 数字技术与应用，2023，41（09）：208－210.

［32］赵文彬. 5G移动通信技术在人工智能领域中的应用探析［J］. 电

脑知识与技术，2023，19（05）：95－97.

[33] 尹浩，黄宇红，韩林丛等 .6G 通信—感知—计算融合网络的思考 [J]. 中国科学：信息学，2023，53（09）：1838－1842.

[34] 戴瑾，巫丰 . 基于语音识别的演讲教学系统 [J]. 计算机应用，2020，40（S1）：289－292.

[35] 李霄垅，王梦婕 . 基于语音识别 App 的同声传译能力培养教学模式建构与研究——以科大讯飞语记 App 为例 [J]. 外语电化教学，2018（01）：12－18.

[36] 庄新一 . 以拍照搜题为例，浅谈教育人工智能的发展与应用 [J]. 中国新通信，2019，21（03）：165－166.

[37] 黄贤明 . 移动智能终端在教育教学中的运用模式研究 [J]. 教育现代化，2019，6（20）：201－202.

[38] 赵梅，杨文正，孙梦琴，等 . 教育 App 开发模式演进及发展趋势分析 [J]. 电化教育研究，2018，39（06）：90－97.

[39] 孟晓东，杨洪泽 . 基于大数据技术视角的高校思政课精准施教研究 [J]. 学校党建与思想教育，2023（14）：72－74.

[40] 黄欣荣 . 大数据对思想政治教育方法论的变革 [J]. 江西财经大学学报，2015（3）.

[41] 练永华 . 人工智能＋大数据现代教育技术应用探析 [J]. 湖北开放职业学院学报，2023，36（18）：142－144.

[42] 李娟，陆露，彭小媚，曾毅，王舒琦 . 基于大数据文本挖掘技术对幼小衔接舆论的批判性话语分析 [J]. 学前教育研究，2023（03）：70－82.

[43] 化开斌 . 大数据时代的高校学生教育管理模式转变与应对策略 [J]. 山西财经大学学报，2022，44（S1）：84－86.

［44］赵珏，张胜，樊国伟．数智校园中大数据可视化技术赋能教育管理［J］．现代教育技术，2022，32（11）：67－75.

［45］杨莉明．个性化推荐在移动新闻资讯传播中的应用、影响与反思［J］．新闻与传播评论，2020，73（02）：47－58.

［46］黄荣怀．从数字学习环境到智慧学习环境——学习环境的变革与趋势［J］．开放教育研究，2012（2）：75－84.

［47］祝智庭．信息技术支持的高效知识教学：激发精准教学的活力［J］．中国电化教育，2016（2）：18－25.

［48］Dorothy DeWitt，Norlidah Alias，Zainuddin Ibrahim，Ngu Kee S-hing，Syar Meeze Mohd. Rashid. Design of a Learning Module for the Deaf in a Higher Education Institution Using Padlet［A］. International Educational Technology Conference，IETC 2014［C］. Chicago：Procedia-Social and Behavioral Sciences，201：220－226.

［49］Benjamin Gan，Thomas Menkhoff，Richard Smith. Enhancing students' learning process through interactive digital media：New opportunities for collaborative learning［J］. Computers in Human Behavior，2015，10（51）：652－663.

［50］Samantha G. L. Won，Michael A. Evans，Chelsea Carey，Christine G. Schnittka. Youth Appropriation of social media for collaborative and facilitated design-based learning［J］. Computers in Human Behavior，2015，9（50）：385－391.

［51］龚朝花，曾雪庆．基于PACTS模型的教育App质量评价指标体系研究［J］．现代教育技术，2018，28（01）：45－51.

［52］Hirsh-Pasek K，Zosh J M，Golinkoff R M，et al. Putting Education in "Educational" Apps：Lessons From the Science of Learning［J］.

Psychological Science in the Public Interest，2015，16（1）：3—34.

［53］ Meyer M，Zosh J M，Mclaren C，et al. How educational are "educational" apps for young children? App store content analysis using the Four Pillars of Learning framework ［J］. Journal of Children and Media，2021（2）：1—23.

［54］ Armaghan Montazami，Heather Ann Pearson，et al. Why this App? How educators choose a good educational App ［J］. Computers & Education，2022，184：104513.

［55］ Falloon G. Young students using iPads：App design and content influences on their learning pathways ［J］. Computers & Education，2013，68：505—521.

［56］ 程罡，高辉，余胜泉. 基于真实用户评论信息构建移动学习资源的评价模型 ［J］. 现代远距离教育，2014，151（01）：43—53.

［57］ ALECSO APPS ［EB/OL］. http：//www. alecsoApps. com/site/index. php，2016—02—10.

［58］ MathsEverywhere. Country Profile：United Kingdom of Great Britain and Northern Ireland ［EB/OL］. http：//www. unesco. org/uil/litbase/? menu=4&programme=174，2016—02—10.

［59］ IU center awarded Library of Congress grant for educational App development ［EB/OL］. http：//news. indiana. edu/releases/iu/2015/10/ representative-government-grant. shtml，2016—02—10.

［60］ Mathtoons Media Receives Support from the Government of Canada ［EB/OL］. http：//www. backbonemag. com/Backblog/mathtoons-media-receives-support-from-the-government-of-canada. aspx，2016—02—10.

[61] 黄荣怀. 从数字学习环境到智慧学习环境——学习环境的变革与趋势 [J]. 开放教育研究，2012（2）：75－84.

[62] 王永培. 高等教育数字化转型中的云平台构建与应用 [J]. 黑龙江教育（理论与实践），2023（11）：35－37.

[63] 胡海燕，赖林弟，梁律，等. 高等职业教育专业教学资源库建设与应用研究 [J]. 大学教育，2022（06）：139－141.

[64] 吴旭东，罗荣良，史庭蔚，等. 基于百度人工智能的拍照切题系统设计 [J]. 电脑知识与技术，2021，17（03）：199－200＋203.

[65] 张娜，赵莹. 基于网络环境的大学生自主学习能力培养 [J]. 产业与科技论坛，2023，22（13）：207－208.

[66] 李红. 大学生利用网络资源自主学习能力探析 [J]. 黑龙江科学，2021，12（07）：148－149.

[67] 董国英，尹红. 基于移动微学习资源的大学生英语自主学习能力培养探究 [J]. 海外英语，2023（09）：138－140.

[68] 赵梅，杨文正，孙梦琴，等. 教育 App 开发模式演进及发展趋势分析 [J]. 电化教育研究，2018，39（6）：8.

[69] 周蓉蓉，王家凝，黄舒翎."互联网＋"背景下高校网课的使用情况研究 [J]. 山西农经，2018（7）：5.

[70] 高岚岚. 教育 App 的应用分析及开发策略研究 [J]. 福建电脑，2019，35（02）：92－94.

[71] 王鹤霖，朱祖煌. 在线教育 App 调查研究 [J]. 计算机时代，2019（03）：16－18.

[72] 邹建梅. 移动学习视野下的国内教育 App 应用研究 [J]. 中国教育信息化，2019（11）：25－28.

[73] 黄斌，杨馨宇，吕梅. 平台类教育 App 评价指标体系的构建与应

用研究［J］. 中国教育信息化，2019（16）：75－81.

［74］颜祎婧. AI 学习 App 在高职英语混合式教学中的应用研究［J］. 海外英语，2023（02）：235－237＋240.

［75］尚晓青，成莉莉，何淑敏. 移动学习平台反馈的特征与价值——以数学学习为例［J］. 教育与教学研究，2021，35（05）：31－41.

［76］刘洋溪，张妍，袁梦迪. 移动技术支持下大学生自主学习的现状调查与优化策略［J］. 湖北成人教育学院学报，2021，27（04）：30－35＋56.

［77］程格平，谷琼，宁彬，等. 基于人工智能的个性化学习模型的设计与实现［J］. 电脑知识与技术，2023，19（22）：1－3＋6.

［78］葛峥. 以互动体验为核心的智能化教学辅具设计研究［D］. 北京：北京理工大学，2020.

［79］陶莉，郭瀚水. 人工智能与信息技术在外语教育中的应用［J］. 石家庄职业技术学院学报，2023，35（01）：76－80.

［80］邓丽君. 基于语音识别技术的在线语言翻译交互学习系统的设计与实现［J］. 自动化与仪器仪表，2023（06）：199－203.

［81］罗曼予. 浅谈高校网络伴学中的思想政治理论课教学［J］. 广西经济管理干部学院学报，2012，24（03）：99－102.

［82］平悦. 在线教育智能化与出版数字化路径分析［J］. 出版广角，2023（13）：67－70.

［83］孟晓瑞，刘阳. 从被动参与到主动交流：地方院校本科生的师生互动模式——基于毕业生学习经历的质性分析［J］. 重庆第二师范学院学报，2023，36（04）：109－115.

［84］杨文峰. 网络职业培训暗藏危机［J］. 中国远程教育，2004（22）：54－55.

［85］晋欣泉，张临英，朱连操，等．大学生手机使用现状调查研究——对教育 App 设计开发的启示［J］．中国医学教育技术，2016，30（06）：625－631.

［86］杨黎鑫．高职学生自我学习管理与能力提升途径研究［J］．辽宁高职学报，2023，25（07）：109－112.

［87］顾成成，徐金菊．大学生创新训练项目校园 App 的教育功能分析［J］．计算机产品与流通，2018（11）：200.

［88］曾金，张耀峰，黄新杰，等．面向用户评论的主题挖掘研究——以美团为例［J］．情报科学，2022，40（11）：78－84＋92.

［89］邢云菲，曹高辉，陶然．网络用户在线评论的主题图谱构建及可视化研究——以酒店用户评论为例［J］．情报科学，2021，39（09）：101－109＋116.

［90］邓春林，周舒阳，杨柳．大数据环境下公共安全突发事件微博用户评论的归因分析［J］．情报科学，2021，39（01）：48－55＋80.

［91］余凯，贾磊，陈雨强，徐伟．深度学习的昨天、今天和明天［J］．计算机研究与发展，2013，50（9）：1799－1804.

［92］张建明，詹智财，成科扬，詹永照．深度学习的研究与发展［J］．江苏大学学报（自然科学版），2015，36（2）：191－200.

［93］Chanaa A，Faddouli N E E．BERT and Prerequisite Based Ontology for Predicting Learner's Confusion in MOOCs Discussion Forums［C］．Morocco：21st International Conference，AIED 2020.

［94］Ndukwe Ifeanyi Glory，Amadi Chukwudi，et al. Automatic Grading System Using Sentence-BERT Network［J］．Lecture Notes in Computer Science，2020，12164：224－227.

［95］Blei D M，Ng A Y，Jordan M I. Latent Dirichlet Allocation［J］.

Journal of Machine Learning Research，2003，3（4—5）：993—1022.

[96] 李秀霞，程结晶，韩霞．发文趋势与引文趋势融合的学科研究主题优先级排序——以我国情报学学科主题为例［J］．图书情报工作，2019，63（11）：88—95.

[97] 贺钰，李质甫，方国柱，等．主产区柑橘价格的空间关联效应研究——基于 VAR 模型与社会网络分析法［J］．中国农业资源与区划，2023，44（01）：174—184.

[98] 陈红琳，魏瑞斌，门秀萍．社会网络分析方法与研究主题的关联分析［J］．情报科学，2022，40（09）：38—46.

[99] 张媛媛，孙华，唐波，等．基于社会网络分析法的老旧社区应急协同治理体系研究——以韶关市 S 街道为例［J］．现代城市研究，2023（08）：8—16.

[100] 景萌，刘桂臻，李琦，等．基于社会网络分析方法的二氧化碳地质封存风险传染特征研究［J］．高校地质学报，2023，29（01）：100—109.

[101] 刘军．整体网分析：UCINET 软件实用指南（第二版）上海：格致出版社，2014.

[102] 邵汉华，周磊，刘耀彬．中国创新发展的空间关联网络结构及驱动因素［J］．科学学研究，2018，36（11）：2055—2069.

[103] 刘畅，庞金波．基于社会网络理论的生猪价格区域联动分析．价格月刊，2018，34（12）：16—24.

[104] 邓春林，周舒阳，杨柳．大数据环境下公共安全突发事件微博用户评论的归因分析［J］．情报科学，2021，39（01）：48—55＋80.

[105] L. C. Freeman. Centrality in Social Networks Conceptual Clarifi-

cation [J]. Social Networks，1978－1979（3）：215－239.

[106] 冯翔，邱龙辉，郭晓然 . 基于 LSTM 模型的学生反馈文本学业情绪识别方法 [J]. 开放教育研究，2019，25（02）：114－120.

[107] Kim Y. Convolutional Neural Networks for Sentence Classification [J]. Eprint Arxiv，2014.

[108] 冯帅，许童羽，周云成，赵冬雪，金宁，王郝日钦 . 基于深度卷积神经网络的水稻知识文本分类方法 [J]. 农业机械学报，2021，2：1－14.

[109] 赵明，杜会芳，董翠翠，陈长松 . 基于 word2vec 和 LSTM 的饮食健康文本分类研究 [J]. 农业机械学报，2017，48（10）：202－208.

[110] 曾谁飞，张笑燕，杜晓峰，陆天波 . 基于神经网络的文本表示模型新方法 [J]. 通信学报，2017，38（04）：86－98.

[111] 翁洋，谷松原，李静，王枫，李俊良，李鑫 . 面向大规模裁判文书结构化的文本分类算法 [J]. 天津大学学报（自然科学与工程技术版），2021，54（04）：418－425.

[112] 冯斌，张又文，唐昕，郭创新，王坚俊，杨强，王慧芳 . 基于 BiLSTM-Attention 神经网络的电力设备缺陷文本挖掘 [J]. 中国电机工程学报，2020，40（S1）：1－10.

[113] 罗枭 . 基于深度学习的课程主观题自动判卷技术研究与实现 [D]. 杭州：浙江农林大学，2019.

[114] 张新香，段燕红 . 基于学习者在线评论文本的 MOOC 质量评判——以"中国大学 MOOC"网的在线评论文本为例 [J]. 现代教育技术，2020，30（09）：56－64.

[115] Li L，Johnson J，Aarhus W，et al. Key factors in MOOC pedago-

gy based on NLP sentiment analysis of learner reviews：What makes a hit ［J］. Computers & education，2022，176：104354.

［116］ Wang X，Lee Y，Lin L，et al. Analyzing instructional design quality and students'reviews of 18 courses out of the Class Central TOP 20 MOOCs through systematic and sentiment analyses ［J］. The internet and higher education，2021，50（0）：100810.

［117］ 刘三女牙，彭眴，刘智，等 . 面向 MOOC 课程评论的学习者话题挖掘研究 ［J］. 电化教育研究，2017，38（10）：30－36.

［118］ 刘清堂，尹兴翰，吴林静，等 . 基于学习者评论数据挖掘的 MOOC 课程质量影响因素研究 ［J］. 远程教育杂志，2023，41（01）：80－90.

［119］ Tianyi Liu；Wei Hu；Fang Liu；Yining Li. Sentiment Analysis for MOOC Course Reviews ［J］. Data Science，2021，1452：78－87.

［120］ 王晓晨，蔡进，杨浩 . 美国数字公民教育的游戏化学习课程建设及启示 ［J］. 电化教育研究，2021，42（07）：122－128.

［121］ https：//xw. qq. com/cmsid/20200713A03ZSG00；https：//new. qq. com/omn/20200718/20200718A0CMB700. html.

［122］ 王正青，但金凤 . 如何构建教育数据治理体系：美国肯塔基州的成功经验 ［J］. 现代远程教育研究，2021，33（01）：77－86.

［123］ 李延舜 . 我国移动应用软件隐私政策的合规审查及完善——基于 49 例隐私政策的文本考察 ［J］. 法商研究，2019，36（05）：26－39.

［124］ VI Marín，Carpenter J P，Tur G . Pre-service teachers' perceptions of social media data privacy policies ［J］. British Journal of Educational Technology，2021，52（02）：519－535.

［125］金元浦. 大数据时代个人隐私数据泄露的调研与分析报告［J］. 清华大学学报（哲学社会科学版），2021，36（01）：191－201＋206.

［126］Linda Corrin. Shifting to digital：a policy perspective on 'Student perceptions of privacy principles for learning analytics' (Ifenthaler & Schumacher 2016)［J］. Educational Technology Research and Development，2021，69（1）：353－356.

［127］Kelly A E，Seppl M. Changing Policies Concerning Student Privacy and Ethics in Online Education［J］. International Journal of Information and Education Technology，2016，6（8）：652－655.

［128］Chou H L，Liu Y L，Chou C. Privacy behavior profiles of underage Facebook users.［J］. Computers & Education，2019，128：473－485.

［129］Blad，Evie；Cavanagh，Sean；Prothero，Arianna；Ujifusa，Andrew. Another Year Past，And Still in Search Of Online Privacy［J］. Education Week，2019，39（8）：3.

［130］Michael Brown；Carrie Klein. Whose Data? Which Rights? Whose Power? A Policy Discourse Analysis of Student Privacy Policy Documents［J］. The Journal of Higher Education，2020，2：1－30.

［131］Sawchuk，Stephen；Sparks，Sarah D；Walsh，Mark；Will，Madeline. Thousands of Schools Failing To Protect Students' Privacy［J］. Education Week，2020，39（30）：4.

［132］Paul Prinsloo，Sharon Slade，Mohammad Khalil. Student data privacy in MOOCs：a sentiment analysis.［J］. Distance Education，2019，40（3）：395－413.

［133］赵慧琼，姜强，赵蔚．大数据学习分析的安全与隐私保护研究
　　　［J］．现代教育技术，2016，26（03）：5－11.

［134］王正青．大数据时代美国学生数据隐私保护立法与治理体系
　　　［J］．比较教育研究，2016，38（11）：28－33.

［135］王明雯，李青，王海兰．欧美学生数据隐私保护立法与实践
　　　［J］．现代远程教育研究，2021，33（02）：53－62.

［136］李青，李莹莹．大数据时代学习者隐私保护问题及策略［J］．中
　　　国远程教育，2018，1：29－36.

［137］侯浩翔．人工智能时代学生数据隐私保护的动因与策略［J］．现
　　　代教育技术，2021，29（06）：12－18.

［138］李凤英，朱敬东，龙紫阳．在线学习者隐私的人本论研究［J］.
　　　中国电化教育，2021，7：107－113.